Das Geheimnis des Tells

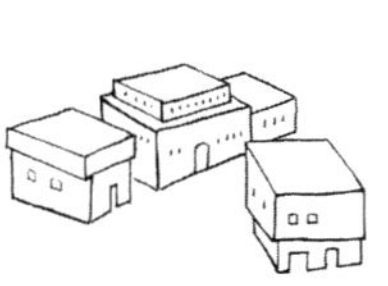

Das Geheimnis des Tells

Eine archäologische Reise in den Orient

2. Auflage

Idee und Text: Dieter Vieweger
Mitarbeit: Claudia Voigt
Illustrationen: Friederike Rave

ARACHNE VERLAG

STRATEGIESPIEL

Zu diesem Buch gibt es ein archäologisches Strategiespiel;

✏ Download unter www.das-geheimnis-des-tells.de

Bibliografische Information Der Deutschen Bibliothek:
Die Deutsche Bibliothek verzeichnet diese Publikation in der Deutschen Nationalbibliografie, detaillierte bibliografische Daten sind im Internet über http://dnb.ddb.de. abrufbar.

Buch- und Kunstdruckerei Keßler GmbH Weimar

ISBN: 978-3-932005-43-5
Arachne Verlag Gelsenkirchen 2011

Hallo!

Du hast dieses Buch aufgeschlagen, um gemeinsam mit Katia und Aaron das Geheimnis des Tells zu erforschen.

Du kennst die beiden noch nicht? Das müssen wir ändern! Wenn du sie auf ihrer Reise in den Orient begleiten möchtest, dann solltest du vorher schon einmal das Wichtigste über sie erfahren. Und natürlich auch über die Leute, mit denen sie während ihres Abenteuers zu tun haben.

Also, das sind sie …
Katia ist zehn Jahre alt. Das erste ‚a' in Katia wird lang gesprochen. Kaaatja also. Katia ist nämlich kein deutscher Name, sondern ein orientalischer. Den hat ihre Mutter ausgesucht, die aus Jerusalem stammt. Ihr Vater ist Deutscher. Er wurde in Köln geboren, wie auch Katia. Dort wohnt sie mit ihrer Familie direkt am Rhein. Katia sitzt gern am Computer, nur muss sie sich den mit ihrem Bruder Aaron teilen. Und der hockt ständig davor. Sie geht gerne Reiten. Pferde sind einfach die schönsten und liebsten Tiere der Welt. Außerdem mag sie schicke Klamotten.

Ihr Bruder Aaron sieht das anders. Mit Katias Gäulen konnte er schon nichts anfangen, als er noch zehn war. Jetzt ist er zwölf Jahre alt. Seine Freizeit verbringt er mit Freunden oder am Computer. Vor kurzem hat er den lang ersehnten Internetzugang bekommen. Endlich kann er surfen, so lange er will, und mit Leuten chatten, die tausend Kilometer oder mehr von ihm entfernt wohnen. Dass so etwas funktioniert, ist schon ziemlich faszinierend. Wie überhaupt alles, was mit Technik zusammenhängt. Deshalb möchte er später auch einmal Physik oder etwas Ähnliches studieren.

Auch Opa, Katias und Aarons Großvater, hat einmal studiert. Aber nicht Physik, sondern Archäologie. Und zwar in Jerusalem, wo er wohnt. Bis zu seiner Pensionierung hat er als Archäologe gearbeitet. Am liebsten wäre er noch heute berufstätig, denn das Ausgraben alter Städte ist seine Leidenschaft. Darüber kann er Stunde um Stunde voller Begeisterung erzählen. Und das nicht nur auf Arabisch oder Hebräisch, sondern ebenso perfekt auf Englisch, Französisch, Spanisch oder Deutsch – je nachdem, mit wem er es gerade zu tun hat. Opa ist nämlich ein echtes Sprachentalent.

Oma ist Opas Frau, also die Großmutter von Katia und Aaron. Sie ist eine fantastische Köchin. Wenn sie sich um das Essen kümmert, kann einfach niemand widerstehen. Sie schmort, brutzelt und brät, greift mehrmals ins Gewürzregal und schon zaubert sie wieder ein wahres Meisterwerk auf den Tisch. Einfach lecker! Dabei benutzt sie noch nicht einmal ein Kochbuch. „Am besten kocht man nach Gefühl“, sagt sie immer.

Und das ist Lina. Sie ist 29 Jahre alt und gehört nicht zu Katias und Aarons Familie. Trotzdem hat Opa sie so fest ins Herz geschlossen, als wäre sie seine eigene Tochter. Vermutlich versteht er sich so gut mit ihr, weil sie immer lustig und fröhlich ist. Außerdem schwärmen beide für die gleiche Sache: die Archäologie. Geboren wurde Lina in der Nähe von Bethlehem, einer kleinen Stadt südlich von Jerusalem. Für ihren Traumberuf – als Archäologin zu arbeiten – hat sie sogar ihre Heimat verlassen und fünf Jahre lang in Berlin studiert. Jetzt ist sie wieder zurückgekehrt und arbeitet bei der Altertumsbehörde. Genau wie Opa möchte sie herausfinden, wie die Menschen vor mehreren tausend Jahren lebten.

So, jetzt weißt du ein bisschen besser Bescheid und es kann richtig losgehen.

Viel Spaß dabei wünschen dir

Friederike Rave,
Claudia Voigt und
Dieter Vieweger

Übrigens, wir haben ein paar Wörter, die vielleicht nicht jede und jeder gleich versteht, mit einem * gekennzeichnet und am Ende des Buches erklärt.

1. Kapitel

Reisefieber

Oh Mann. Schon elf Uhr nachts und Katia kann immer noch nicht einschlafen. „Du bist aber auch selbst schuld, dass du ständig an morgen denkst!", schimpft sie leise mit sich selbst. Aber wie soll sie es auch schaffen, nicht an morgen zu denken? Schließlich ist morgen der große Tag. Der Tag, dem sie und Aaron schon seit Wochen entgegenfiebern. Morgen werden sie zu Oma und Opa fliegen. Das Spannende daran ist nicht nur, dass sie ganz alleine reisen werden, ohne Mama und Papa. Immerhin sind sie schon erwachsen – na ja, zumindest fast. Viel aufregender ist, dass Oma und Opa im Orient wohnen. Den kennt Katia bisher nur aus Erzählungen. Sie denkt an Mamas Erinnerungen und die Geschichten, die Oma und Opa erzählen, wenn sie wie jedes Jahr über Weihnachten zu Besuch in Deutschland sind. Fliegende Teppiche wie in ihrem großen, blauen Märchenbuch kamen darin leider nicht vor. Aber ob es die nicht vielleicht trotzdem gibt? Allein bei dem bloßen Gedanken, dass sie das schon bald selbst herausfinden kann, fängt ihr Herz wieder an zu wummern. So laut, dass sie glaubt, Herr Meier im Haus gegenüber könnte davon wach werden.

Legt sich die Aufregung vielleicht, wenn sie ein Glas Wasser trinkt? Auf Zehenspitzen schleicht sie zur Tür und durch den Flur in Richtung Küche. Als sie zurückkommt, sieht sie, dass auch in Aarons Zimmer noch Licht brennt. Schwach schimmert es unten durch den Türspalt. Katia bleibt stehen und lauscht. Aha, es klackert. Aaron sitzt also immer noch vor dem Computer. „Oh, oh, wenn Mama das wüsste!", murmelt sie und öffnet mit einem Ruck Aarons Tür. „Hab' ich dir nicht schon tausend Mal gesagt, dass du nachts nichts mehr am Computer zu suchen hast!", sagt sie streng und versucht dabei, Mamas Tonfall nachzuahmen. Aaron fährt herum. „Ach, du bist es!" Erleichtert atmet er auf. „Du hast mich ganz schön erschreckt."

Er will sich wieder seinem Spiel zuwenden, aber auf dem Bildschirm ist nur

noch ein Blinken zu erkennen. „Na toll!“ Aaron wirft seiner Schwester einen bösen Blick zu. „Fast hätte ich den dritten Level geknackt!“ Kleine Schwestern können manchmal einfach extrem nervig sein. Was sie jetzt wohl noch von ihm will? Doch nicht ... Oh nein, er hat es befürchtet. Da kommt sie auch schon. Die Frage, die er sich in den letzten Wochen so oft anhören musste, dass sie ihm längst aus den Ohren heraushängt: „Du, Aaron, kannst du nicht noch einmal nachgucken, ob das Flugzeug wirklich um halb zehn startet?“

Er grummelt nur. Warum sollte sich denn auf einmal die Abflugszeit geändert haben? Aber weil er weiß, dass Katia sonst keine Ruhe gibt, ruft er brav die Seite ihrer Fluggesellschaft im Internet auf. „Da steht es, du Schisshase!“ Er tippt auf den Monitor. „Köln/Bonn – Tel Aviv. Abflug in Köln: 9:35 Uhr. Ankunft in Tel Aviv: 13:55 MEZ. Also Mitteleuropäische Zeit.“ „Dann sind wir ja von Köln aus nur etwas mehr als vier Stunden unterwegs“, wundert sich Katia. „Blitzmerker!“ Aaron schüttelt verzweifelt den Kopf. „Das hat Mama uns doch schon im Reisebüro vorgerechnet.“

Wer weiß ... vielleicht hat Katia ja auch all das Andere wieder vergessen, was er ihr nach langer Suche im Internet über Israel, das Land, in das sie fliegen, erzählt hat. „Du brauchst gar nicht so mit dem Kopf zu schütteln, Herr Oberlehrer!“, empört sich Katia, als wüsste sie, was sich gerade in seinem Kopf abspielt. Große Brüder können manchmal richtig anstrengend sein. „Israel gehört zu Vorderasien. Das ist der Teil Asiens, der am Mittelmeer beginnt und bis nach Persien reicht. Jerusalem liegt zwischen dem Meer und der weiten, im Sommer unerträglich heißen arabischen Wüste. Die ist Teil des Nachbarlandes Jordanien. Der größte Fluss ist der Jordan. Er fließt erst in den See Genezareth und von dort bis ins Tote Meer. Na, was sagst du jetzt?“ „Nicht übel. Du darfst dich wieder setzen“, spielt Aaron die Rolle des Lehrers weiter. Er tut so, als kritzle er eine Note in sein Notizbuch.
Während es sich Katia auf den weichen Kissen in Aarons Hängematte gemütlich macht, surft er weiter im Internet. „He, guck mal, hier ist eine Seite über das Tote

Meer. Katia? Kaaatiiia?“ Er stupst sie vorsichtig an, aber sie rührt sich keinen Zentimeter. Eingeschlafen. Einfach so, mitten in seinem Zimmer in der Hängematte. Tja, dann kann sie sich das lustige Bild, das er gerade gefunden hat, halt nicht angucken. Man sieht Leute, die auf dem Rücken im Toten Meer liegen und Zeitung lesen, ohne dabei unterzugehen. „Das Tote Meer ist der tiefste Punkt der Erde. Es liegt 400 Meter unter dem Wasserspiegel der Ozeane“, steht unter dem Bild. Und weiter: „Dort ist es so heiß, dass das ankommende Wasser einfach verdunstet. Dadurch ist der Salzgehalt des restlichen Wassers so hoch, dass man nicht untergehen kann. Das Meer ist selbst für Fische zu salzig, ja sogar Menschen können

sterben, wenn sie nur einen Liter Wasser daraus trinken. Deshalb nennt man es das Tote Meer.“

Aaron schließt die Seite wieder. Sie ist nicht schlecht, aber bald wird er das alles live sehen. Und das ist natürlich viel, viel besser. Er schaltet den Computer aus, schleicht auf Zehenspitzen an seiner schlafenden Schwester vorbei, deckt sie noch schnell mit seinem Kapuzenpulli zu, legt sich ins Bett und vergräbt den Kopf im Kissen.

2. Kapitel

Mit dem Flugzeug in den Orient

Kikerikii, kikerikii!“ Sofort sitzt Aaron senkrecht im Bett. „Kikerikii, kikerikii!“ Er haut seinem Hahnenwecker auf den Kamm, damit er Ruhe gibt. „Guten Morgen!“, antwortet der fröhlich. Normalerweise fragt sich Aaron immer, was so früh an einem Morgen schon gut sein soll, aber heute ist das natürlich etwas anderes. Schwungvoll springt er aus dem Bett und macht das Licht an. „Katia, aufstehen!“ Etwas unsanft rüttelt er seine Schwester an der Schulter, die immer noch zusammengerollt in der Hängematte liegt. „Mmh?“ Schläfrig blinzelt sie gegen das helle Licht in Aarons Zimmer. „Na los, aufstehen! In vier Stunden geht unser Flugzeug!“ Schnell wirft Aaron noch einen Blick zu Mama und Papa ins Schlafzimmer, um sicher zu gehen, dass die beiden auch schon wach sind; dann springt er unter die Dusche. Heiß prasselt das Wasser auf ihn herunter.

Als er wieder ins Wohnzimmer tritt, treffen die anderen letzte Reisevorbereitungen. Katia versucht gerade keuchend, den Koffer zu schließen. „Was haben wir da nur alles rein gepackt?“ „Ja, das möchte ich auch gerne mal wissen“, sagt Mama und betrachtet skeptisch den Koffer und

die große Reisetasche, die sich zu allen Seiten hin ausbeulen. „Hoffentlich habt ihr neben euren tausend Klamotten auch die wirklich wichtigen Dinge mit dabei. Was ist zum Beispiel mit den Kappen und der Sonnencreme, die ich euch gestern extra noch gekauft habe?“ Ups ... Katia flitzt los, um beides noch schnell zu holen. Als sie die Treppe herunter läuft, riecht es aus der Küche schon nach warmer Milch und frischem Kaffee. Papa hat also Frühstück gemacht. Sie grinst. Das ist typisch für Papa. Selbst wenn die Welt unterginge, ließe er kein Mitglied seiner Familie ohne Frühstück aus dem Haus. „Das Frühstück ist die wichtigste Mahlzeit am Tag!“, ist einer seiner Lieblingssprüche.

Mit der wichtigsten Mahlzeit am Tag im Magen geht es dann endlich in Richtung Flughafen. Die Schlange vor dem Schalter, an dem sie einchecken müssen, ist endlos lang. Mama schlägt vor, sich die Zeit mit Ratespielen zu vertreiben, aber Aaron findet das doch ein bisschen zu peinlich. Wer spielt mit zwölf Jahren noch Spiele mit den Eltern in aller Öffentlichkeit? Außerdem gibt es viel zu beobachten. Überall hängen blinkende Anzeigen. Schick gekleidete Stewardessen, Stewards und Kapitäne bahnen sich ihren Weg durch die Menschenmenge. Es ist bestimmt ziemlich

toll, Pilot zu sein. Vielleicht sollte Aaron später doch nicht Physik studieren, sondern lieber Pilot werden. Er stellt sich vor, wie er in ein riesengroßes Flugzeug steigt. Über die Lautsprecher meldet er sich bei seinen Passagieren und gibt ́an, in wie vielen Minuten sie ... „He, Aaron, träumst du?“ Katia piekst ihn in die Seite. „Wir sind dran!“ Sie legen ihre Pässe und die Flugtickets vor und bekommen die Bordkarten. „Meiner!“, schreit Katia plötzlich. „Wie, deiner?“ "Es gibt einen Fensterplatz und das ist meiner“, erklärt sie selbstbewusst. „Moment mal!“, protestiert Aaron, der natürlich nicht am Gang sitzen will, und guckt sich Hilfe suchend nach Mama und Papa um, die ihm zur Seite springen sollen. Papa rollt genervt mit den Augen. „Kinder, nun streitet euch doch nicht wegen so einer Kleinigkeit!“ Kleinigkeit ist gut. Aaron stampft wütend mit dem Fuß auf. Er weiß, dass er schlechte Karten hat, wenn er weiter diskutiert. „Du bist doch der große Bruder. Sei halt vernünftig und verzichte auf den Fensterplatz“, wird es heißen. Er will aber nicht immer vernünftig sein.

„Entschuldigt“, mischt sich auf einmal ein Mann ins Gespräch. „Verstehe ich das richtig? Ihr habt einen Platz am Gang, den ihr gerne gegen einen am Fenster eintauschen würdet?“ „Ja!“, rufen Katia und Aaron wie aus einem Munde. „Da kann ich euch weiterhelfen. Mit meinen langen Beinen würde ich alles dafür geben, am Gang zu sitzen.“ Er fragt nach, wohin er sich im Flugzeug setzen muss – es ist nur eine Reihe weiter hinten. Dann nennt er Aaron seine Sitzplatznummer und zwinkert Mama zu, die ihn dankbar anlächelt. Sie legt ihren Kindern die Hände auf die Schultern und schiebt sie

zur Sicherheitskontrolle. Weiter dürfen sie und Papa nicht mitkommen. Daher heißt es nun, Abschied nehmen.
Sie nehmen ihre Kinder noch einmal in den Arm, drücken sie und sorgen dafür, dass die beiden ihre von der Fluggesellschaft ausgestellten großen runden Anstecker gut sichtbar an den Jacken befestigen. Nun sind Katia und Aaron ‚unbegleitete Kinder' und die Stewardessen und Stewards werden aufmerksam auf sie achten. Ein bisschen mulmig ist es den Eltern schon in der Magengegend, als Katia und Aaron unbeschwert davongehen. Sie winken ihnen hinterher, bis sie sie nicht mehr sehen können. „Auf geht's!", sagt Katia stolz und drückt Aarons Arm.

Das Flugzeug ist ganz schön groß. Aaron ist erstaunt, wie viele Leute da hineinpassen. Viele sind Touristen wie sie beide. Aber ein paar sehen fremdartig aus. Einige tragen schwarze Mäntel und Hüte. Lange, gewellte Haarsträhnen hängen an ihren Ohren herab. Andere haben weite Umhänge umgelegt und kunstvoll geschlungene Tücher auf dem Kopf. Katia erinnert sich an Mamas Erzählungen. Sie sagt immer, dass im Land von Oma und Opa ganz verschiedene Bevölkerungsgruppen leben, die unterschiedliche Sprachen und Religionen haben.

Kurz vor dem Start will sich Katia eigentlich noch einmal zu Aaron beugen, der nun unmittelbar vor ihr sitzt und dem wahrscheinlich auch kribbelig zu Mute ist. Aber da rollt die Maschine schon langsam auf die Startbahn. Sie atmet tief durch. Jetzt geht es also los! Das Flugzeug wird immer schneller und schneller. Je mehr es an Fahrt gewinnt, desto tiefer wird Katia in ihren Sitz gedrückt. Etwas ängstlich klammert sie sich an der Armlehne fest und wirft einen zaghaften Blick aus dem Fenster. Gerade noch rechtzeitig, um mitzubekommen, wie das Flugzeug vom Boden abhebt. Einfach irre, wie schnell es an Höhe gewinnt! Bald schwebt es hoch über Köln und wenig später schon über Städte, die Katia gar nicht mehr kennt. Zum Glück ist der Kapitän so nett, dass er sich öfter über Lautsprecher zu Wort meldet und erklärt, welche Stadt oder Insel gerade unter ihnen liegt.

Nach etwas mehr als vier Stunden sehen sie von oben schon die Küstenlinie des Mittelmeeres mit dem langen Sandstrand und den Palmen. Aaron kann sogar Autobahnen und Straßen ausmachen. Das also ist das Land, in dem Oma und Opa wohnen. Stewardessen verteilen jetzt an alle Touristen Einreiseformulare für den Staat Israel. Diese füllen Katia und Aaron mit der Hilfe eines Stewards und des netten Herrn aus, der Aaron seinen Fensterplatz abgetreten hat. Sie legen sie sorgfältig in ihre Pässe. Es wird auch Zeit, denn das Flugzeug sinkt schon und es kann nicht mehr lange dauern, bis sie ihre Großeltern endlich in die Arme nehmen können.

3. Kapitel

Das Land, in dem Oma und Opa wohnen

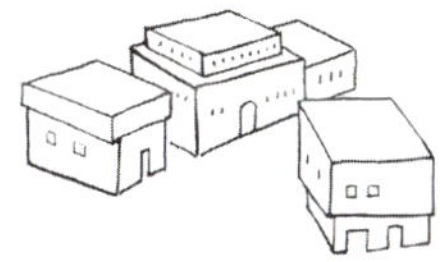

Sanft setzt das Flugzeug auf der Landebahn auf. „Yippieh! Wir sind da!“, kreischt Katia und klopft Aaron von hinten auf die Schulter. Sie will schon aufstehen und ihren Rucksack schnappen, doch so schnell geht das nicht. Wie alle muss auch sie warten, bis das Flugzeug endlich auf dem Rollfeld seine Parkposition erreicht hat und das Anschnallzeichen erlischt. Sobald das geschehen ist, schnappt sie ihren Rucksack und zieht ihren Bruder erst über die kleine Treppe aus dem Flugzeug und dann in den Bus, der sie zum Hauptgebäude des Flughafens bringt. Wenige Minuten später stehen sie am Rollband und warten auf ihr Gepäck.

Aarons Koffer kommt als erster. Feixend blickt er Katia von der Seite an. „Wer weiß, vielleicht kommt deine Tasche gar nicht? Es soll ja sooo oft vorkommen, dass etwas ganz woanders landet. Was würde mein kleines Schwesterchen nur machen, wenn sein Gepäck aus Versehen in Timbuktu gelandet wäre?“

Aber noch bevor Katia ihm die Zunge herausstrecken kann, entdeckt sie ihre Reisetasche und hievt sie vom Band. Schwer beladen verlassen die beiden die große Halle, passieren den Zoll und halten dann nach Oma und Opa Ausschau.

„Da ist Opa!“, schreit Aaron. „Er hat seinen riesengroßen Strohhut auf.“ Stimmt. Da hinten nähert sich etwas großes Gelbes. Jetzt entdeckt auch Katia den Hut. „Mein Sonnendach“, sagt Opa immer liebevoll dazu. „Opa!“, ruft Katia laut und winkt. „Opa!“ Sie rennt ihm entgegen und springt in seine ausgebreiteten Arme.

Vier-, fünfmal wirbelt er sie herum, bis ihr ganz schwindelig ist. In der Zwischenzeit wird Aaron von Oma ans Herz gedrückt. „Ach, meine Lieben, wie schön, dass ihr endlich da seid!“, sagt sie immer wieder und drückt ihren beiden Enkeln abwechselnd dicke, fette Schmatzer auf die Wangen. Aaron entzieht sich der Küsserei, indem er wieder seinen Koffer in die Hand nimmt und Opa beim Tragen hilft. Dafür darf er im Auto auch vorne neben ihm sitzen. Oma nimmt neben Katia auf dem Rücksitz Platz.

„Es ist schon noch ein Stückchen", sagt sie entschuldigend, als Katia nach einer Weile vorsichtig fragt, wie lange sie denn noch unterwegs wären. „Wir müssen durch ein paar Dörfer fahren, bis wir nach Hause kommen." „Es dauert wirklich ziemlich lange", bestätigt Opa und zwinkert in den Rückspiegel. „Was haltet ihr also von einer Eispause?" Und schon biegt er rechts ab und parkt das Auto.

Mmh ..., bei der riesigen Auswahl ist es ganz schön schwierig, sich zu entscheiden. Aber schließlich kann man bei dem anderen auch mal lecken und so nimmt Katia Zitrone und Erdbeere und Aaron Nuss und Schokolade. Genüsslich schleckend laufen sie an ein paar Geschäften vorbei. „Das können wirklich manche Leute lesen?", fragt Katia ungläubig und starrt auf die ihr unbekannten Schriftzeichen über den Läden. Opa lacht. „Das Komplizierte daran ist", erklärt er, „dass

es in den verschiedenen Dörfern verschiedene Schriftzeichen gibt. In den einen leben nämlich Araber, die natürlich arabische Schriftzeichen verwenden, in den anderen Juden, die das moderne Hebräisch, Ivrit, schreiben."

Sie schlendern zurück zum Auto. Aaron hat zwar immer noch einen Rest Eis, aber zu Hause stört das auch keinen, wenn er damit einsteigt. „Kommt gar nicht in die Tüte!", ruft Oma und zieht ihn am Arm wieder heraus. „Die Flecken bekomme ich ja nicht mehr weg." „Warum du? Könnte ich doch selber sauber machen", erwidert Aaron. Opa guckt ihn verdutzt an. „Ja, aber für Küche, Ordnung und Sauberkeit ist natürlich die Frau zuständig", sagt er in einem Ton, der keine Widerrede mehr zulässt. Puh ..., wenn Papa das gesagt hätte, hätte Mama ihm einen liebevollen Klaps auf den Hintern verpasst, das Putztuch in die Hand gedrückt und verschmitzt „Selbst ist der Mann" ins Ohr geflüstert. Aber Oma lächelt nur und akzeptiert, was Opa bestimmt hat. Die Rolle der Frau scheint hier doch eine andere zu sein.

Die Fahrt geht weiter und Opa spielt den Reiseführer. „Wenn ihr rechts hinausschaut, könnt ihr links nichts sehen“, witzelt er. Er zeigt ihnen Bäume, beschreibt deren tolle bunte Blüten, nennt ihre fremd klingenden Namen und erklärt die Gegend. Dann müssen sie plötzlich stoppen. Eine Straßenkontrolle hält alle Autos an. Bewaffnete Soldaten kontrollieren Ausweise und durchsuchen Fahrzeuge.

Als sie nach ein paar Minuten weiterfahren, wird Opa ernst. „Es ist nicht immer friedlich hier. Ich habe euch ja schon erzählt, dass hier sowohl Juden als auch Araber wohnen. Beide Völker sind hier zu Hause. Das Problem ist, dass die an den biblischen Gott glaubenden Juden vor wenigen Jahrzehnten den Staat Israel gründeten. Die zu Allah betenden Muslime möchten nun endlich auch bei Gaza am Mittelmeer und im Bergland ihren eigenen Staat errichten. Die Aufteilung der Gebiete zwischen beiden Völkern ist aber heftig umstritten. Und so kommt es immer wieder zu Auseinandersetzungen, bei denen oft sogar Menschen getötet werden. Auch früher sind hier schon etliche blutige Kriege geführt worden. Eroberer und rücksichtslose Herrscher haben den Bewohnern unzählige Male schweres Leid zugefügt. Und das ganz unabhängig davon, für welchen Glauben sie stritten und woher sie kamen.“

Im Auto ist es still. Katia und Aaron haben in den Nachrichten schon häufig Bilder von Selbstmordanschlägen und Militäreinsätzen gesehen. Sie denken an ihre Schulklassen. Auch da sitzen Kinder aus verschiedenen Völkern in einem Raum. Aber dort leben und lernen sie friedlich miteinander.

Unser Land hat aber auch friedliche Zeiten erlebt," fährt Opa mit betont beschwingter Stimme fort. Nicht, dass seine Enkel einen düsteren und dunklen Eindruck von seiner geliebten Heimat bekommen. Immerhin schafften es etliche Herrscher, dass sich die Bewohner dieses Landstriches versöhnten und den Frieden lange aufrecht erhielten. Besonders stolz ist Opa auf den israelitischen König Salomo* und den arabischen Kalifen Omar*. Wie sehr er die Geschichten über die beiden liebt, zeigt sich darin, dass er beim Erzählen wild gestikuliert. Es sieht so aus, als wolle er – seinen großen Vorbildern gleich – endlich Frieden unter seinen zerstrittenen Landsleuten schaffen. Ohne dass Katia und Aaron es bemerken, fliegt die Zeit geradezu vorbei und im Nu halten sie vor Omas und Opas Haus. Sie sind angekommen!

4. Kapitel

Opas Überraschung

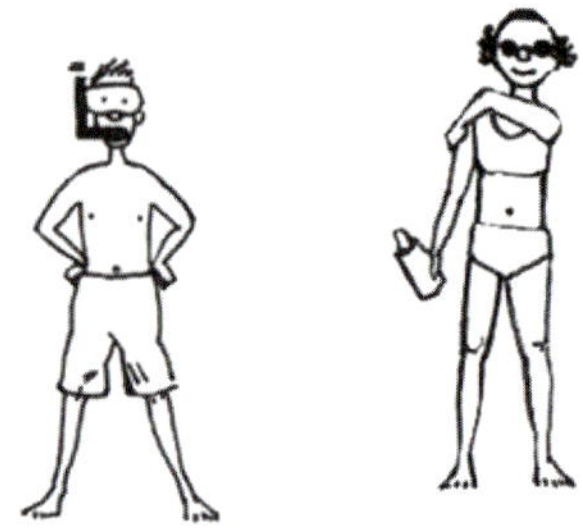

Ich schlage vor“, sagt Oma am nächsten Morgen beim Frühstück, „dass wir heute zum Baden ans Mittelmeer fahren!“ „Au ja, Baden wäre toll“, unterstützt Aaron sie und Katia springt sofort vom Tisch auf, um ihre Badetasche zu packen. Lächelnd sieht Oma ihr hinterher. Sie freut sich, dass ihr Vorschlag bei ihren Enkelkindern auf Begeisterung stößt. Schließlich sollen sie sich bei ihr und Opa wohlfühlen. „Auf geht's!“, gibt sie dann auch wenig später das Signal zum Aufbruch.

Und schon fahren Katia und Aaron mit Oma und Opa zum Meer. Dort angekommen laufen sie gleich ins Wasser. Ohhh! Ist das herrlich warm! So warm, dass sie am liebsten nie mehr herausgingen. Gemütlich mit den Füßen paddelnd genießt Katia den Blick auf den tollen Sandstrand, die Palmen und die sich in der Nähe des seichten Wassers tummelnden Menschen. Familien picknicken, Eltern bauen mit ihren kleinen Kindern Sandburgen und einige Jugendliche spielen Beach-Volleyball.

Beach-Volleyball? Blitzschnell ist Katia wieder aus dem Wasser heraus und schließt sich einer Mannschaft an. Auch wenn sie die anderen nicht versteht – die Regeln sind die gleichen wie daheim. Sie legt sich mächtig ins Zeug und ist schon nach kurzer Zeit völlig durchgeschwitzt. Aber wen stört das schon? Immerhin führt ihre Mannschaft gerade mit vier Punkten! Den letzten hat sie gemacht. Beifall heischend sieht sie sich nach Aaron um, aber der hat von ihrem tollen Schlag gar nichts mitbekommen. Er spielt mit einem gleichaltrigen Jungen an einer Tischtennisplatte Ping-Pong und ist ganz in sein eigenes Spiel vertieft.

„Das war aber klasse!“, sagt Aaron, als sie abends wieder ins Auto steigen. „Ja, besser kann es gar nicht werden!“, seufzt Katia glücklich. Opa lächelt verschmitzt. „Da wäre ich mir nicht so sicher. Morgen

gibt es nämlich eine Überraschung." „Was denn, was denn?", fragen Katia und Aaron neugierig. Doch aus Opa ist nichts herauszubringen, obwohl die beiden den ganzen Abend nicht locker lassen.
Erst am nächsten Morgen verrät Opa, was er vorhat: „Heute zeige ich euch meinen Tell." „Deinen was?", fragt Aaron mit vollem Mund. „Meinen Tell", wiederholt Opa und scheint es richtig zu genießen, dass ihn seine Enkel mit verständnislosen Blicken anstarren. „Tell bedeutet auf Deutsch so etwas wie Schutthügel. So nennen wir hier die künstlichen Berge, auf denen Menschen über viele tausend Jahre ihre Dörfer und Städte bauten. Das macht sie zu etwas ganz Besonderem."
Na ja, so genau können sich Katia und Aaron auch nach dieser Beschreibung noch nicht vorstellen, was Opa ihnen zeigen will. Aber irgendwie macht sie gerade das neugierig und sie steigen gespannt zu Opa ins Auto.

Der Berg mit dem komischen Namen Tell entpuppt sich sogar als ziemlich hoch. Weit ragt er über das Hügelland empor.

Aaron schirmt die Augen gegen die Sonne ab und sieht hinauf. Oben herrscht regelrechter Hochbetrieb. Wie Ameisen wuseln viele Leute hin und her. Platz genug haben sie, denn, wenn Aaron sich nicht verschätzt, passen locker zwei bis drei Fußballfelder auf die Bergkuppe.
„So ein Ärger, dass man älter wird", murmelt Opa, der neben ihm steht, und seufzt. „Was würde ich dafür geben, noch einmal ausgraben zu dürfen. Ihr könnt euch gar nicht vorstellen, wie sehr ich die beneide, die ihr jetzt da oben herumwerkeln seht. Sie alle sind Archäologen – genau wie ich. Wahrscheinlich kommen sie von überall her und haben extra für ein paar Monate ihre Heimatländer verlassen, um herauszufinden, wie die Menschen früher hier gelebt und gearbeitet haben."
Er beginnt, den Tell hinaufzusteigen. Dabei legt er so ein flottes Tempo vor, dass Katia und Aaron nur hinterher japsen können. Gar nicht so leicht, an Opa dran zu bleiben und sich dabei gleichzeitig ein bisschen umzugucken. „Es sind viele junge Leute hier", wundert sich Katia, als sie die Gesichter auf dem Tell besser erkennen kann. Opa nickt. „Ja, manche Archäologen bringen Studenten mit, die ihnen bei der Auswertung und Veröffentlichung ihrer Ergebnisse helfen. Außerdem sind ja nicht alle fertig studierten Archäologen gleich so alte Knacker wie ich", fügt er hinzu. Katia grinst. „Das wollen wir mal sehen, ob du wirklich so alt bist. Wer als erster oben ist …", ruft sie und fängt an zu rennen.

5. Kapitel

Der Tell oder das größte Spaghetti-Eis der Welt

„Hoppla, Vorsicht, junges Fräulein!“, warnt ein Archäologe Katia, die sich völlig außer Atem oben auf dem Tell hinplumpsen lassen will. Fast hätte sie dabei eine Schnur zerrissen. Jetzt erst sieht sie, dass auf dem ganzen Berg lauter Quadrate fein säuberlich mit einer farbigen Schnur abgetrennt sind. In vielen Quadraten arbeiten Archäologen, die unterschiedlich weit mit ihren Ausgrabungen sind.

Zwischen den ausgegrabenen Quadraten bleiben Mauern aus Erde stehen. Ziemlich breite Mauern. Katia stellt sich vor, dass jede Mauer ein Laufsteg und sie das gefragteste Model der Welt ist. Wie sie es im Fernsehen schon oft beobachtet hat, setzt sie gekonnt einen Fuß vor den anderen und schwingt die Hüfte. Aaron lacht. „Guck mal über dich! Du wirst wirklich fotografiert!“ Katia schaut nach oben. Tatsächlich. Über ihrem Kopf baumelt eine Kamera an einem großen, mit Helium gefüllten Ballon. „He, Model“, hört sie plötzlich eine dunkle Stimme hinter sich. „Du siehst toll aus. Aber könntest du ganz kurz aus dem Bild gehen? Die Jungs hier wollen eigentlich Aufnahmen von der Grabungsstelle machen.“

Ein Mann mit blauem Sonnenhut klettert aus einem schon tief ausgebuddelten Quadrat zu Katia auf die Mauer. „Entschuldige, dass ich dich verscheuche. Aber auch ich bin hier im Moment fehl am Platze. Komm, wir hocken uns einfach dahinten hin und machen eine kleine

Pause.“ Schnell gibt Katia ihrem Bruder ein Zeichen, dass er mitkommen soll. Gemeinsam laufen sie hinter dem Archäologen her. Der hat sich inzwischen schon im Schneidersitz auf die Erde gehockt und nuckelt an einer Wasserflasche. „Ich bin Simon“, stellt er sich vor und mustert die beiden von oben bis unten. „Ihr seid zum ersten Mal hier, stimmt's?“, fragt er. „Nur Neulinge sind so unvorsichtig und gehen ohne Hut oder eine andere Kopfbedeckung in die Sonne.“ Ach du Schande. Ihre Kappen. Die hat Opa noch. Wo steckt der überhaupt? Simon schüttelt verständnislos den Kopf und legt den Kindern kurzerhand zwei T-Shirts auf den Kopf, die er aus seinem Rucksack fischt. „Was zu trinken könnt ihr wahrscheinlich auch gebrauchen. Wisst ihr, wie heiß es ist? Bestimmt an die 40 Grad im Schatten. Da muss man ständig aufpassen, dass man nicht austrocknet.“ Er greift wieder in seinen Rucksack und holt noch eine große Wasserflasche heraus, die er Katia in die Hand drückt. „So, prost! Willkommen auf dem größten Spaghetti-Eis der Welt.“ Spaghetti-Eis? Hat Aaron ‚Spaghetti-Eis' gehört? Sofort läuft ihm das Wasser im Munde zusammen. Es wäre traumhaft, wenn er jetzt ein Eis essen könnte. Das

Wasser löscht zwar den Durst, aber es ist schon lauwarm und kann sicher nicht für das Gefühl sorgen, das man hat, wenn kühles Vanilleeis langsam auf der Zunge zerschmilzt. Auch Katia bekommt einen sehnsüchtigen Blick. „Wie kommen Sie nur auf die Idee, diesen Berg mit Eis zu vergleichen?“ „Nicht mit irgendeinem Eis“, korrigiert sie Simon. „Es muss schon Spaghetti-Eis sein. Habt ihr schon einmal Spaghetti-Eis gegessen?“ Natürlich. Was für eine Frage! „Na ja, dann wisst ihr ja, dass ganz unten immer die Sahne ist und darauf das Vanilleeis. Auf dem Vanilleeis ist dann die Erdbeersoße und ganz oben noch eine Schicht aus weißen Schokoflocken. Und genau wie dieses Eis ist auch der Berg hier aus ganz vielen verschiedenen Schichten zusammengesetzt.“
Katia nickt. „Stimmt, das hat Opa auch schon angedeutet. Irgendwie sollen hier die Reste verschiedener Siedlungen übereinander liegen.“ Simon ist begeistert. „Ihr wisst ja schon richtig Bescheid!“ „Na ja“, druckst Aaron herum. „Eigentlich noch nicht so richtig. Gut, hier liegen Siedlungen übereinander. Aber warum? Und wie kommt eine Siedlung auf die andere drauf?“ „Also“, sagt der Mann und nimmt noch einen großen Schluck aus seiner Wasserflasche, „als die ersten Siedler hierher kamen, errichteten sie an diesem Platz ihre Häuser. Er war einfach perfekt dafür geeignet. Das Trinkwasser im Bachbett am Fuße der Siedlung war nah. Felder und Weiden gab es auch. Doch der Frieden währte nicht

ewig. Irgendwann zerstörte ein Erdbeben die Siedlung. Manche hatten Glück und überlebten. Doch sie besaßen nun natürlich kein Zuhause mehr. Sie lebten in Zelten und Felshöhlen, bis sie wieder genug Zeit und Mut hatten, neue Häuser zu bauen. Als sie aber zu dem Platz ihrer alten Siedlung zurückkamen, sahen sie, dass die Lehmwände der Häuser über die Steinfundamente gekippt waren. Sie hatten sich durch den Regen in der Winterzeit mit diesen zu einer betonharten Schicht verbunden. Das war quasi die erste Schicht, die Sahne-Schicht des Spaghetti-Eises.

Die neuen Siedler bauten ihre Häuser einfach auf diesen festen Untergrund. Doch auch ihre Siedlung blieb nicht ewig bestehen. Vielleicht wurde sie von Feinden angegriffen. Oder die Stadt brannte nieder, weil jemand nicht auf die Öllampen oder das Feuer in der Kochstelle aufgepasst hatte. Das kam oft vor. Wenn zum Beispiel eine Öllampe umkippte, konnte sie das ganze Haus in Brand stecken. Die Flammen schlugen blitzschnell erst auf die Nachbarhäuser und anschließend auf die ganze Stadt über. Tja, und so bauten die Menschen immer wieder neue Städte auf die Schuttschichten alter Siedlungen, bis auch ihre Stadt irgendwann in Schutt und Asche zerfiel und selbst zu einer Schuttschicht wurde, auf die man wieder eine neue Stadt setzte.“

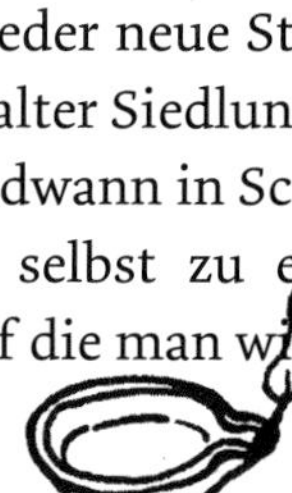

6. Kapitel

Auf der Suche nach Gestern

Der Mann verstummt und Katia und Aaron blicken betroffen über den Tell. Es ist schwer, sich an einem so schönen Tag wie heute vorzustellen, welche Schicksale Menschen hier schon erleiden mussten. Da ist es nur gut, dass sie sich dieser Vorstellung gar nicht lange hingeben können. Ihnen nähert sich nämlich eine junge Frau mit auffällig grüner Kappe. „Findet hier eine Erzählstunde statt?“, ruft sie ihnen entgegen. Von der harten Arbeit ist sie völlig verschwitzt. Erschöpft setzt sie sich neben Katia in den Staub.

„Hi, ich bin Lina!“, sagt sie und streckt erst ihr und dann Aaron die Hand entgegen. „Krieg ich auch einen Handschlag?“, fragt der Mann. „Wenn ich dafür ein bisschen Wasser haben kann“, versucht Lina zu handeln und setzt einen bettelnden Hundeblick auf. „Wenn du dich um die beiden hier kümmerst, bekommst

TELL

du gleich eine ganze Flasche. Ich muss nämlich so allmählich weitermachen.“ Er lacht sie an, reicht ihr das Wasser und schlendert pfeifend mit den Händen in den Hosentaschen davon.

Aaron guckt betroffen. Dann sagt er leise: „Um uns muss sich niemand kümmern. Wir sind schon groß!“ „Aber das sehe ich doch!“, antwortet Lina und legt ihm freundschaftlich ihren Arm um die Schulter. „So war das ja auch nicht gemeint. Aber da ihr schon einmal hier seid, wollt ihr doch vielleicht auch was sehen und erklärt bekommen, oder? Also, schießt los. Wo wollt ihr hin? Was interessiert euch? Immer nur heraus mit der Sprache!“
„Ich würde mir gerne den Ballon mit der Kamera ein bisschen näher ansehen“, macht Aaron den Anfang. „Na klar!“ Schon schiebt Lina ihn und Katia vor sich her in die Richtung, aus der sie eben gekommen sind. „Bist du ein Technik-Freak?“ „Joooah, schon“, gibt Aaron zu. „Dann kann ich dir noch etwas anderes bieten als die Kamera am Ballon“, strahlt Lina. „Doch eines nach dem anderen.“ Eigentlich wird die Kamera im Moment gar nicht gebraucht. Für Katia und Aaron machen die Archäologen aber eine Ausnahme und tun so, als brauchten sie unbedingt noch ein Foto von der Grabungsstelle. Mit einer Fernbedienung steuern sie die Kamera und richten sie senkrecht über der Grabungsstelle aus. Nur so gibt das Foto den Archäologen Auskunft, wo genau die ausgegrabenen Mauern, Türschwellen, Öfen und Scherben aufgefunden wurden. Das andere technische Gerät, das Lina zeigen will, ist ein Theodolit*. Ein Theodolit ist ein Messgerät auf drei Beinen. Mit ihm kann man die Lage von Funden oder von Steinen bestimmen und so ganze Mauern von Häusern als Modell im Computer speichern.

Dort entstehen dann die ausgegrabenen Häuser ähnlich wie bei den virtuellen dreidimensionalen Welten in Computerspielen. „So technisch hätte ich mir die Archäologie gar nicht vorgestellt“, bemerkt Katia. „Sooo technisch ist sie auch nicht. Das meiste ist noch gute alte Handarbeit“, entgegnet Lina und hält ihre Hände hoch. „Oder was habt ihr gedacht, weshalb ich so aussehe?“ Zur Verdeutlichung zeigt sie in ein Grabungsquadrat. Stimmt. Die Archäologen darin arbeiten nicht mit hochmodernen elektrischen Geräten. Wie Schatzsucher graben sie richtig mit Hacke und Schaufel. Die meisten benutzen Kellen, wie sie Maurer für den Hausbau verwenden, oder Handhacken, wie Katias und Aarons Mutter sie im Garten gebraucht. Zusätzlich verwenden sie Gummikörbe, die man aus alten Autoreifen herstellt. Damit befördern sie die Erde aus den Grabungsquadraten, die sie dann mit Schubkarren wegfahren. Aaron zieht fragend die Augenbrauen hoch. „Heißt das, dass ihr noch nicht einmal Bagger benutzt?“ „Um Himmels willen, auf keinen Fall!“, ruft Lina entsetzt. „Bagger würden durch ihr Gewicht alles zerstören.“

Der Kopf eines Archäologen guckt über die Mauer aus dem Grabungsquadrat heraus. „Ey, anstatt da oben bloß rumzustehen, könntet ihr ruhig ein bisschen mit anpacken!“, sagt er und macht eine einladende Geste. Das lassen sich Katia und Aaron nicht zweimal sagen. Mit einem Satz sind sie unten. Statt Spaten und Schaufel bekommen sie aber bloß Besen in die Hand gedrückt. „Wir sind schon so weit mit der Grabung vorangekommen“, erklärt der Arbeiter, „dass wir keine groben Geräte mehr einsetzen können, ohne etwas zu zerstören.“ „Ja, wenn das so ist,“ meinen die beiden. Dann kehren sie Erde und Staub von der Steinmauer, die allmählich sichtbar wird.

Ein dicker loser Stein liegt Aaron dabei im Weg. Er will ihn schon mit beiden Händen packen und weglegen, da schreit Lina oben plötzlich auf. „Halt! Stopp! Nicht! Da ist ein Skorpion drunter! Von hier aus sieht man ihn.“ Entsetzt geht Aaron drei Schritte zurück. Hier gibt es Skorpione? Warum hat ihn denn keiner gewarnt? Die Farbe ist aus seinem Gesicht gewichen. Käsebleich steht er da. „Keine Sorge“, versucht Lina ihn zu beruhigen. „Tödlich sind die Stiche nun auch wieder nicht. Sie tun einfach nur höllisch weh! Außerdem kann man das Gift auch sofort mit dem Mund aussaugen. Also keine Panik. Seht es lieber als etwas Besonderes an, dass ihr überhaupt einen Skorpion gesehen habt. Das kommt nämlich gar nicht so oft vor.“

„Eigentlich habe ich ihn gar nicht richtig gesehen“, murmelt Katia leise. „Na, dann guck noch einmal hin, bevor wir ihn weit weg werfen, damit er euch nicht mehr erschrecken kann.“ Vorsichtig nähert sich Katia dem besagten Stein. Der Skorpion sitzt immer noch an der gleichen Stelle. Ob tödlich oder nicht, gefährlich aussehen tut er auf jeden Fall mit seinem langen, hochgebogenen Stachel und der schwarzen Farbe. „Hast du ihn gesehen?“, fragt Lina, die inzwischen auch in das Grabungsquadrat gestiegen ist. „Dann nichts wie weg mit dem Biest“, beschließt sie und nimmt den Skorpion auf ihre Kelle. Sie schleudert ihn in hohem Bogen vom Tell.

7. Kapitel

Olle Scherben

Auf den Schreck hin müssen sich die drei erst einmal wieder hinsetzen. „Ich weiß nicht, ob ich hier arbeiten könnte", überlegt Katia. „Gibt es hier noch andere gefährliche Tiere?" Ängstlich blickt sie sich um. „Es soll wohl auch Schlangen geben", antwortet Lina. „Aber selbst euer Opa, der jahrelang hier gearbeitet hat, hat noch nie eine gesehen. Schrecklich gefährlich ist der Job also nicht. Außerdem wird man schließlich reichlich entlohnt." „Bekommt man so viel Kohle?", fragt Aaron neugierig. Lina lacht. „Nee, nee, reich an Geld werden kannst du hier nicht. Reich entlohnt wirst du durch das, was du entdeckst. Wenn du etwas Tolles findest und dadurch ein bisschen besser verstehst, wie die Menschen damals gelebt und was sie Neues erfunden haben, dann macht dich das so glücklich, dass es dich für viele Stunden Buddelei entschädigt." „Was findet ihr denn so?", fragt Katia endlich das, was sie schon die ganze Zeit beschäftigt. „Ach, alles Mögliche", sagt Lina. „Mauern von alten Häusern zum Beispiel. Meistens allerdings Scherben. Massen von Scherben." „Soll das heißen, dass ihr den ganzen Aufwand hier nur für ein paar Steine und olle Scherben veranstaltet?", ruft Aaron entsetzt.

„Hat hier jemand ‚olle Scherben' gesagt?" Opa rauscht heran, hebt seinen Enkel in die Luft und tut so, als ob er ihn übers Knie legen will. „Na warte, Bürschchen! ‚Olle Scherben'! Hier!" Aufgeregt hält er eine Scherbe in die Luft. „Dank dieser ‚ollen Scherbe' wissen wir, dass die Siedlungsschicht hier zum Beispiel fast 3000 Jahre alt ist. 3000 Jahre! Das müsst ihr

euch einmal vorstellen. Das Gefäß, von dem diese Scherbe stammt, stellte man so vor drei Jahrtausenden her. Und nur damals. Wahrscheinlich war diese Form zu der Zeit gerade modern. Sicher ließen sich solche Krüge auch besonders praktisch handhaben. Für die Größe solcher Gefäße war übrigens der König verantwortlich. Der bestimmte nämlich, wie viel in die Vorratsgefäße hineinpassen musste, die für den Handel mit Öl und Wein hergestellt wurden."

Opa holt kurz Luft, rückt seinen Sonnenhut zurück und zieht eine andere Scherbe aus einer am Grabungsquadrat stehenden Scherbentüte. „Oder hier: Diese Scherbe wurde in den Resten des Hauses dort gefunden. Dadurch wissen wir, dass das Gebäude aus der Eisenzeit stammt. So nennt man heute die Epoche, in der Eisen das härteste Material war, aus dem man Waffen herstellen konnte. Da staunt ihr, was? Sind die Scherben immer noch ‚oll'?"

„Nein, nein", müssen Katia und Aaron beide zugeben.

„Sonst würden sich auch nicht so viele Leute dafür interessieren," leistet Opa weitere Überzeugungsarbeit. „Bei unseren Forschungen sind neben Archäologen nämlich noch viele andere Leute beteiligt.

Fotografen beispielsweise, die die einzelnen Arbeitsschritte der Archäologen in den Grabungsquadraten dokumentieren.

Außerdem Restauratoren. Sie sammeln die Scherben und gucken wie bei einem Puzzle, welche zusammenpassen. So kann man ganze Gefäße rekonstruieren. Zeichner arbeiten auch für uns. Die Fotografen können ja nur das fotografieren, was da ist.

Zu den Aufgaben der Archäologen gehört aber auch, sich anhand von einzelnen Scherben oder Metallresten vorzustellen, wie Gefäße oder Werkzeuge früher einmal aussahen, als sie noch ganz waren. Die malt der Zeichner dann auf. Auch Chemiker, Geophysiker* und Mineralogen* helfen uns manchmal. Zum Beispiel, wenn wir alte Scherben auf ihre innere Zusammensetzung prüfen und daraus ihren Herstellungsort bestimmen. Und Physiker brauchen wir, wenn wir verkohltes Holz finden. Das schicken wir ihnen, sie untersuchen es im Labor und berechnen, wie alt es ist. Zu guter Letzt ist der Osteologe noch wichtig." „Ein Osteo ... was?", fragt Aaron erstaunt. „Ein Osteologe", wiederholt Opa und erklärt: „Das ist ein Biologe, der sich mit Knochen beschäftigt. Da wir recht häufig Knochen finden, kann er uns sagen, von welchem Tier sie stammen und welches Fleisch es damals zu essen gab."

8. Kapitel

Harte Zeiten

Triumphierend guckt Opa in die Runde. Seine Rede hat eingeschlagen. In den Augen seiner Enkel sieht er Interesse aufblitzen und prompt kommt auch die erste Frage. „Können wir uns so ein altes Haus vielleicht einmal näher angucken?", erkundigt sich Katia. „Aber sicher", antwortet Lina. Sie schnappt sich eine herumliegende Hacke und einen Stofffetzen und bindet ihn so um die Hacke, dass er wie eine Fahne daran hängt. „Meine Damen und Herren, mir nach!", gibt sie das Kommando zum Aufbruch und reißt die selbst gebastelte Fahne in die Höhe. Genauso, wie es Stadtführer in überfüllten Großstädten immer tun, damit möglichst keiner aus ihrer Gruppe den Anschluss verliert.

Bei den Mauern eines alten Hauses bleibt sie stehen. „Also, meine Damen und Herren. Sehen Sie sich diese Mauern gut an. So können Sie wenigstens erahnen, wie kunstvoll die Erbauer das Steinfundament errichtet haben. Ganz ohne Mörtel, aber trotzdem extrem widerstandsfähig. Darauf baute man dann Lehmschicht um Lehmschicht." „Das muss Spaß gemacht haben", seufzt Aaron.

Er muss an das alte Schlammloch im Garten seines Freundes denken. Was sie darin früher immer alles gemacht haben ... Schlammfrikadellen geformt, Schlammhäuser gebaut und Schlammschlachten veranstaltet. Dummerweise fand Mama das nie so toll, wenn er von oben bis unten verschmiert nach Hause kam. Einmal hat sie ihn sogar mitsamt seinen Klamotten unter die Dusche gestellt. Aber die Kinder, die früher hier lebten, die durften nicht nur, die mussten sogar mithelfen, wenn neue Häuser gebaut wurden. Da sagte bestimmt keiner etwas, wenn sie

mit Lehm beschmiert waren, nachdem sie Tag für Tag mehr Lehmpampe auf die Wände gestrichen hatten, bis diese hoch genug waren.
„War das Dach auch aus Lehm?", will er wissen. „Teilweise schon", sagt Lina. „Zuerst legte man Baumstämme und Äste über die Wände und dichtete danach das flache Dach mit Lehm ab. So waren die Bewohner vor Hitze und Regen geschützt."

Katia geht mit großen Schritten die Mauern des Hauses ab. „Eins, zwei, drei, vier", murmelt sie leise. Aaron läuft hinter ihr her. „Was machst du denn da?" „Ich messe die Länge der Mauern", antwortet sie. „Jeder Schritt ist ein Meter." „Pah", schnaubt Aaron verächtlich. „Als ob deine Beine lang genug wären, um einen Schritt von einem Meter Länge zu machen." „Sind sie wohl", sagt Katia und streckt ihm die Zunge heraus. „Das hab ich letztens extra nachgemessen." Und sie fängt wieder an. „Eins, zwei, drei ..." Als sie einmal um die Mauern herum ist, verkündet sie, dass die Grundfläche des Hauses elf mal acht Meter beträgt und die des Wohnraumes im hinteren Teil zweieinhalb mal acht Meter. Nachdenklich kratzt sie sich am Kopf. „Das ist ja nur so groß wie unsere beiden Kinderzimmer zusammen. Die Leute hatten aber wenig Platz! Wo war denn das Bad? Und wo das Kinderzimmer?" Aaron kichert in sich hinein. „Bist du naiv! Menschen lebten damals viel einfacher als wir heute." „Stimmt, Bäder hatten nur die Könige und die ganz hohen Beamten", bestätigt Lina.

Und sie erzählt, warum die Menschen damals so arm waren. „Die Leute hatten genug damit zu tun, Nahrung herbeizuschaffen. Das Klima hier ist unbarmherzig. Regen gibt es nur in wenigen Monaten des Jahres. Blieb der Regen über Jahre aus, verdorrten die Felder. Die Abgaben an den König mussten aber trotzdem gezahlt werden. Das konnten viele Familien nicht. Deshalb blieb ihnen in Notzeiten keine andere Wahl, als einzelne Mitglieder der Familie, selbst ihre eigenen Kinder, als Sklaven zu verkaufen." „Das ist ja furchtbar!", entfährt es Aaron. Wie gut, dass er nicht hier und vor allen Dingen nicht vor dreitausend Jahren geboren wurde. Vielleicht wäre er schon längst ein Sklave in irgendeiner reichen Familie weit weg von all seinen Verwandten. Oder er hätte mit Katia die ganze Zeit ein einziges Zimmer im Haus teilen müssen. „Es gab doch nur ein Zimmer, oder?" „Nein", antwortet Lina. „Es gab schon mehrere. In den hinteren Räumen des Hauses lebte die Familie. Das habt ihr schon richtig erkannt. Dort gab es sogar noch ein zweites Stockwerk. Eine Leiter führte ins Obergeschoss. Im Haus war nach damaligen Ansprüchen genug Platz für die Eltern mit ihren zwei bis drei Kindern. Selbst die Großeltern lebten hier, wenn sie sich nicht mehr allein ernähren konnten." Katia denkt an Oma und Opa. Wenigstens wohnten die Großmütter und -väter damals nicht tausende von Kilometern entfernt. Man konnte sie jeden Tag sehen, mit ihnen Spiele spielen und sich Geschichten erzählen lassen.

„Im Wohnhaus wurden Vorräte untergebracht", erzählt Lina weiter. „Wein und

Öl in Krügen, Getreide in Erdgruben und wertvoller Schmuck sowie Metalle für besondere Notzeiten in geheimen Verstecken. Da man nicht so viel Platz im Haus hatte, nutzte man auch den Hof des Hauses und das Dach. Auf dem Dach trockneten Feigen, Datteln und Beeren. Außerdem lagerte man dort Kräuter.

Jede Familie hatte Tiere, meist Schafe und Ziegen. Die hatten auch im Haus ihren Platz. Sie wurden gehegt und gepflegt, denn sie waren für die Familie lebenswichtig. Im Hof wurden alle notwendigen Hausarbeiten erledigt. Die Frauen mahlten hier Getreide zu Mehl. Daraus backten sie das runde Fladenbrot und kochten Brei. Sie spannen aus Schafwolle Fäden und verwoben diese zu Stoff oder Zeltplanen."

„Aber die Männer haben ihren Frauen doch bestimmt geholfen!", wirft Katia ein. Lina weiß das nicht so genau, aber sie ist nicht wirklich davon überzeugt. „Die Arbeit in Haus und Hof war eigentlich Frauensache", sagt sie und fügt noch hinzu: „Selbst das schwere Wasserholen gehörte doch eher zu den Aufgaben der Mädchen und Frauen. Und das, obwohl die Brunnen und Zisternen* oft ein ganzes Stück vom Haus weg waren."

9. Kapitel

Ibrahim

„Und was machten die Männer den ganzen Tag?“, will Aaron wissen. „Die ...“, beginnt Lina. Weiter kommt sie nicht. Ein Blöken hat sie unterbrochen. Alle gucken sich um. Das gibt es doch gar nicht! Von links nähert sich der Grabungsstelle eine riesengroße Schaf- und Ziegenherde. Ganz gemächlich folgt sie einem Jungen, der auf seinem Esel vor der Herde herreitet. „Oh, sind die süß!“, ruft Katia. Zu dumm, dass da noch zwei Hunde um die Herde herumlaufen, um sie zusammenzuhalten und zu beschützen. Sonst würde Katia jetzt nämlich einfach zu einem der blökenden Schafe hingehen und es streicheln. Unglaublich, dass eine einzige Herde so einen Lärm veranstalten kann. Natürlich hört sie, dass der nicht nur von dem Blöken kommt, sondern vor allem von den Blechschellen, die die Tiere um den Hals tragen. Ob den Jungen das ständige Geblöke und Gescheppere nicht nervt? Vielleicht nimmt er es gar nicht mehr wahr, wenn er immer mit der Herde unterwegs ist. Sie betrachtet ihn. Stolz sieht er aus mit seinen dunklen Augen, trotz seiner etwas schmuddeligen Kleider und der zerzausten Haare.

In einiger Entfernung vor den Grabungsquadraten hält er seine Herde an und schaut ganz offensichtlich neugierig auf das merkwürdige Treiben der Menschen auf dem Tell. Auch der Esel guckt herüber. Seinen treuen Augen kann Katia nicht widerstehen. Schließlich ist ihre Neugier größer als ihre Angst. Sie nimmt all ihren Mut zusammen und würdigt die Hunde keines Blickes. Langsam geht sie auf den Esel zu und beobachtet seine Reaktion. Die Ohren legt er auf jeden Fall nicht an. Bei ihren Pferden ist das immer ein gutes Zeichen, also warum nicht auch hier? Sie macht noch einen Schritt auf das Tier zu und streichelt es vorsichtig am Hals. „Du bist aber ein Braver“, flüstert sie ihm erleichtert ins lange Ohr und lacht den Jungen, der auf seinem Rücken sitzt, an. Der grinst zurück und klopft sich auf die Brust. „Ibrahim!“, ruft er.

Inzwischen ist auch Aaron herangekommen. Wie er das von seinen Eltern gelernt hat, hält er dem Jungen höflich eine Hand entgegen und sagt: „Aaron." Ibrahim ergreift seine Hand jedoch nicht. Stattdessen lässt er einen wahren Redeschwall auf Aaron nieder. Leider kann der kein einziges Wort verstehen. Hilflos zuckt er mit den Schultern, doch dann hat er eine Idee. Er bückt sich, tut so, als würde er in der Erde graben, hebt eine Scherbe auf und deutet damit auf die Archäologen. Ibrahim lacht. Er springt vom Esel und stupst Aaron an, als wolle er sagen: „Versuch du es mal mit einem Ritt!" Aaron guckt skeptisch. Immerhin ist der Esel kleiner als Katias ‚Gäule' in Köln, aber so ganz geheuer ist ihm die Sache trotzdem nicht. Wieder stupst Ibrahim ihn aufmunternd an. Na schön. Wenn er das unbedingt möchte, kann Aaron ihn natürlich nicht einfach enttäuschen. Sich selbst Mut zusprechend klettert er auf den Rücken des Tieres.

Katia ärgert sich, dass sie nicht auch gefragt worden ist. Sie hätte bestimmt eine tolle Figur auf dem Esel gemacht. Aber das hat sicher wieder damit zu tun, dass Mädchen und Frauen im Orient nach den alten Traditionen nicht alles dürfen. Dafür kann sie jetzt über Aarons verkniffenes Gesicht lachen. Wie ein Sack Kartoffeln hängt er auf dem armen Tier und lässt sich schaukeln. Hoffentlich wird er nicht seekrank. Er scheint sichtlich erleichtert, als Opa aus der Ferne winkt und er Ibrahim bedeuten kann, dass sie zurück müssen.

„Na, habt ihr euch mit einem Beduinenjungen angefreundet?", fragt Opa. „Keine Ahnung", antwortet Katia, „dazu konnten wir uns nicht gut genug verständigen. Ich weiß nur, dass er Ibrahim heißt. Ibrahim ist ein Beduine, sagst du. Was sind Beduinen denn eigentlich?" „Beduinen sind Wüsten- oder Steppenbewohner", erklärt Opa. „Sie leben in Zelten, haben also weder fließendes Wasser noch einen Kühlschrank oder irgendetwas anderes in der Richtung. Sie weiden Schafe und Ziegen und ernähren sich nur von dem, was ihre Tiere und die Natur ihnen geben. Das ist ganz schön hart. Deshalb sind sie wie schon seit tausenden von Jahren darauf angewiesen, dass ihre Kinder sie von klein auf unterstützen. Sonst können sie nicht überleben." Man merkt, dass Opa großen Respekt vor diesen Menschen hat.

10. Kapitel

Ein steinhartes Marzipanbrot

Jetzt will ich aber endlich wissen, was die Männer den ganzen Tag über gemacht haben", knüpft Aaron an das Gespräch von eben an. „Dazu zeigen wir dir gleich etwas", entgegnet ihm Lina. „Erst machen wir unsere Hausbesichtigung zu Ende." Sie reckt ihre Hacke mit dem Fähnchen wieder in die Höhe und macht eine einladende Handbewegung in das Innere der Mauern. „Meine Damen und Herren", spielt sie die Rolle der Fremdenführerin weiter, „wir befinden uns jetzt am Eingang. Bitte beachten Sie hier besonders diese beiden Steine. Der komische lange, der oben ganz flach ist, ist die Türschwelle. Damit verhinderten die Leute, dass

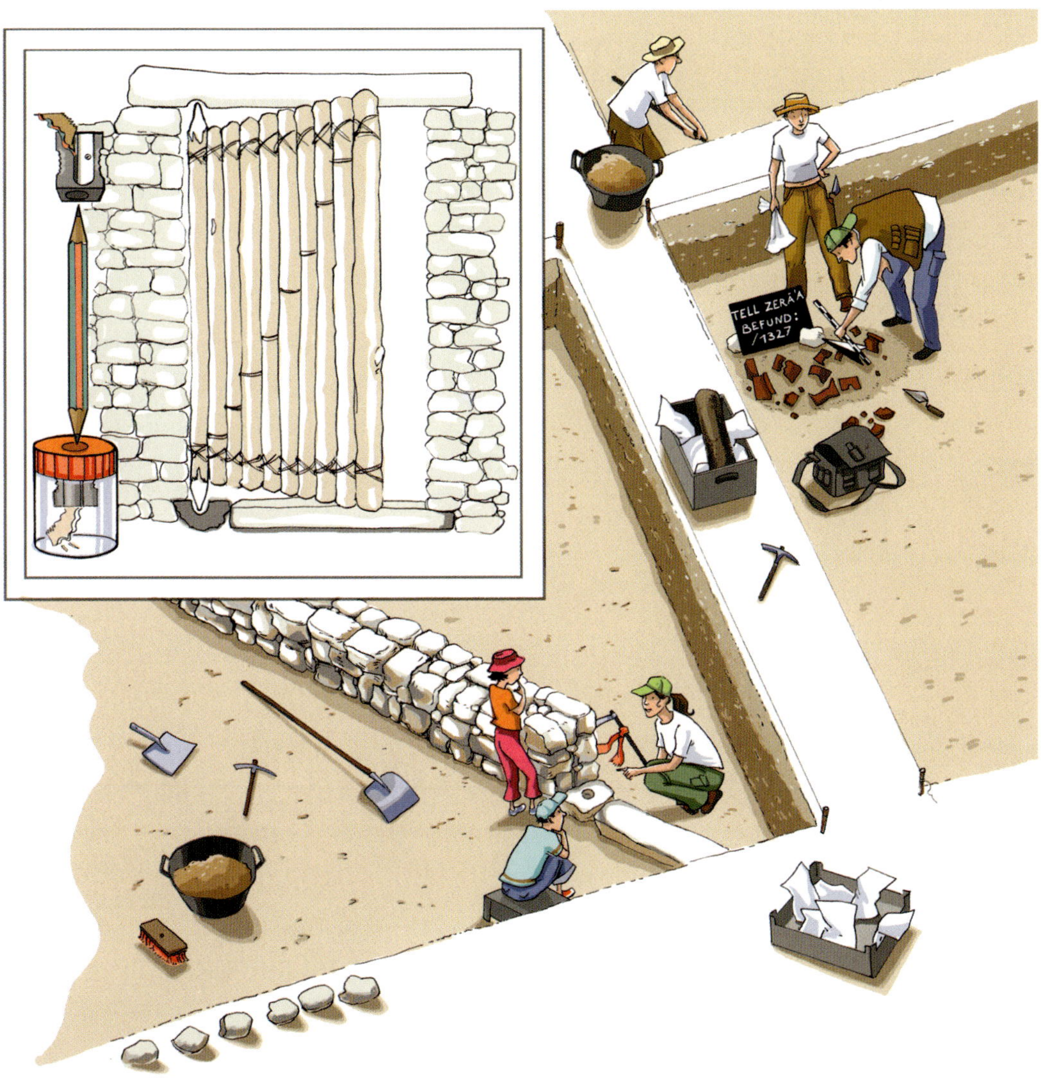

sie bei Regen eine Überschwemmung im Haus hatten. Der andere, der kreisrund ausgehöhlte, ist die altmodische Variante der Türangel. In ihm drehte sich die Tür."

„Wie kann sich denn eine Tür in einem Stein drehen?", fragt Aaron. „Ist doch ganz einfach!", sagt Katia. „Ach ja, und wie, bitte schön?" Katia flüstert Lina ins Ohr, um zu erfahren, ob sie Recht hat, und lächelt dann wissend. Es ist zu schön, Aaron ein bisschen zappeln zu lassen und zu genießen, dass sie ausgerechnet etwas Technisches einmal vor ihm durchschaut hat. Erst als Lina ihr zuvorkommen will, erklärt sie schnell: „Die Tür war an einem langen Holzstamm befestigt, der an beiden Seiten angespitzt war. Oben und unten steckte er im Türrahmen. Ich stelle ihn mir wie einen Bleistift vor, den ich an beiden Enden gleichzeitig anspitze. Dazu stecke ich ihn oben und unten in einen Spitzer. Und so, wie ich den Bleistift zwischen den Spitzern drehen kann, konnte man den oben und unten im Türrahmen steckenden Holzstamm drehen. Und da die Haustür an ihm befestigt war, drehte sie sich mit."

Lina nickt anerkennend und zeigt Katia und Aaron gleich noch etwas Besonderes. Keine zwei, drei Meter von der Türschwelle entfernt bleibt sie vor einem großen runden Fleck auf dem Boden stehen. Bei näherer Betrachtung sieht man lockere, grauschwarze Asche inmitten des ansonsten festgetretenen Fußbodens. „So, meine Damen und Herren", fährt sie fort. „Hier sehen Sie die Küche. In der Feuerstelle", sie deutet auf die Asche, „liegen sogar noch die Reste eines Kochtopfes." Ein bisschen ungläubig starrt Katia auf die verstreuten Scherben. „Wenn das Foto gemacht ist, werde ich es dir beweisen", meldet sich eine Stimme zu Wort. Katia dreht sich um und sieht erst jetzt, dass hinter ihr ein Fotograf und eine Restauratorin stehen, die offensichtlich darauf warten, dass sie alle ein Stückchen zur Seite gehen.

„Du“, wendet sich der Fotograf an Aaron, „hast du schon einmal ein Foto gemacht? Dann könntest du heute meinen Job übernehmen.“
Aaron nickt begeistert. Mit stolz geschwellter Brust nähert er sich der teuren Kamera. „Du musst allerdings warten, bis ich das hier alles angeordnet habe“, sagt der Fotograf und deutet auf einen Pfeil, eine Tafel und einen abwechselnd schwarz-weiß bemalten Stab. „Der Pfeil gibt die Himmelsrichtung an, der Maßstab, welche Größe die Scherben haben, und die Tafel zeigt die Nummer der Fundstelle.“ Als die Hilfsmittel ihre richtige Position haben, drückt Aaron auf den Auslöser. Mehrmals. Vorsichtshalber. Falls ein Foto doch nicht so super wird.
Beim letzten Mal lichtet er aus Versehen die Hand der Restauratorin mit ab. Die hat sich nämlich schon über die Scherben gebeugt, um zu beweisen, dass diese wirklich zu einem Kochtopf gehören. Sie sammelt sie nach und nach auf und probiert vorsichtig aus, welche vielleicht aneinander passen. Mit kurzen Kreppband-Streifen, die sie von einer Rolle abzieht, heftet sie zusammenpassende Scherben schon einmal provisorisch aneinander. Schon bald erkennt man die grobe Gestalt und nach einer Weile, dass es sich wirklich um einen Kochtopf handelt. Und zwar um einen großen Kochtopf mit rundem Boden, der unten ziemlich schwarz ist, weil man ihn beim Kochen einfach ins Feuer gestellt hat.
„Ja, und mit diesem Stein habe ich noch einen anderen Teil der Küchenausrüstung in der Hand“, meint Lina und nimmt einen langen schwarzen Stein aus einer grauen Fundkiste. „Er hat ein bisschen Ähnlichkeit mit einem riesengroßen Marzipanbrot, stimmt’s? Aber probieren würde ich ihn lieber nicht. Er ist nämlich aus Basalt, einem superharten Gestein. Mit ihm konnte man Getreidekörner zu Mehl zerreiben.“

11. Kapitel

Nichts für feine Nasen

Ja, ja!" Aaron scharrt ungeduldig mit den Füßen. „Jetzt will ich aber wirklich wissen, was die Männer früher den ganzen Tag über getan haben."
„Ganz einfach: gearbeitet!", antwortet Opa. „Meistens auf dem Feld oder in Werkstätten. Kommt, ich zeige euch die Werkstatt des Töpfers." „Wie, ihr habt hier eine ganze Töpferei gefunden?", fragt Katia erstaunt. „Wir haben natürlich keine komplette Werkstatt ausgegraben", gibt Opa zu. „Aber wir konnten alles anhand der Fundstücke rekonstruieren. Es ist ein bisschen wie Detektivarbeit: Nach und nach passen immer mehr Indizien zusammen und schließlich vervollständigt sich der Verdacht zu einem überzeugenden Beweis. Schaut also mal genau hin!" Er zeigt auf einen auffälligen Bereich in einem der Grabungsquadrate. „Seht ihr? Dort stand der Brennofen." Die Reste der dicken Lehmwände des runden Ofens ragen noch deutlich aus dem Fußboden hervor.
„Daneben seht ihr einen Abfallberg aus missratener Keramik", fährt Opa fort. „Die Töpfer haben sie auf den Haufen geworfen, weil sie beim Brand Risse bekommen hatte, beim Einräumen in den Ofen zerdrückt oder aus irgendeinem anderen Grund unbrauchbar geworden war. Die misslungenen Gefäße wurden aber nicht weggeworfen, sondern wieder verwendet", erklärt Opa weiter und

meint damit, dass sie von den Töpfern mit großen Steinen zu Keramikmehl zerkleinert wurden. „Das mischten sie dann wieder ihrem Ton bei, aus dem sie neue Gefäße formten."

„Schaut mal, der Töpfer hatte sein Haus nahe an den Abhang der Stadt gebaut", erzählt er weiter. „Dadurch konnte der vom Meer her wehende Wind das Feuer in seinem Ofen besser anfachen. Nur so erreichte der Töpfer darin die hohen Temperaturen, die er zum Brennen seiner Keramik benötigte. Auf einer Töpferscheibe* hatte er zuvor aus Lehm Vorratsgefäße, Becher, Kannen, Krüge und Töpfe geformt."

„Und wo waren die anderen Werkstätten?", fragt Aaron. Opa zeigt mit der Hand quer über den Tell und meint: „Da hinten wohnten die Tischler, Karrenbauer und Metallschmelzer. Ihre Werkzeuge haben wir in den Höfen der Häuser gefunden. Die Färber, Gerber und Wäscher lebten dagegen ganz am Rand oder sogar abseits der Ortschaften. Niemand wollte sie als Nachbarn haben, weil sie Urin für ihre Arbeit brauchten. Außerdem zogen die Gerber den Tieren die Haut ab. Stellt euch das nur einmal vor! Das wird höllisch gestunken haben."

„Pfui, wer will denn so eine Arbeit machen!", ekelt sich Katia. Und hinter vorgehaltener Hand raunt sie Aaron zu: „Da wüsste ich auch, wo du damals gewohnt hättest." Doch der überhört die Bosheit – kleine Schwestern sind halt extrem nervig – und fragt Opa: „Konnten die Handwerker nicht auch anders arbeiten? Mussten sie denn tatsächlich Urin verwenden?" „Ja, das ging nun mal nicht anders!", antwortet Opa. „Da es noch keine Chemiefabriken gab, war man auf den Urin als Alkali*-Lieferanten angewiesen. Schließlich brauchten alle Wolle. Alle wollten gefärbte Kleider und auch das Leder der Gerber." „Ganz schön unfair", findet Aaron. „Auf der einen Seite war man auf ihre Arbeit angewiesen, auf der anderen Seite schloss man sie aus."

Er wendet sich an Opa. „Gab es damals eigentlich schon Geschäfte? Irgendwo mussten die Handwerker ihre Waren doch auch verkaufen können?" Anstatt zu antworten, nickt Opa Lina auffordernd zu und rückt seinen Hut in die Stirn. „Wir sollten, glaube ich, mal zum großen Vorratshaus neben dem Stadttor gehen."

12. Kapitel

Für den König nur das Beste

Gesagt, getan. Nur wenige Minuten später stehen die vier in den Mauern der alten Vorratshäuser. Hier wurde fein säuberlich verzeichnet und gelagert, was die einheimischen Bauern als Steuern an den König ablieferten. Meist waren das Krüge, die mit Öl oder Wein gefüllt waren; manchmal lagerten dort aber auch Gefäße mit getrockneten Feigen, Datteln oder anderen Früchten. „Hier muss ganz schön viel gelegen haben", stellt Katia fest, als sie die Größe der Vorratshäuser abschätzt. „So war es auch", bestätigt Lina, „aber nicht alles, was du hier siehst, war Lagerfläche. Schließlich brauchte man auch Gänge, in denen die Bediensteten hin- und herflitzen oder die voll bepackten Esel zu den Ablageplätzen treiben konnten. Die Waren türmten sich links und rechts der Gänge."

Sie verlassen das Gebäude wieder und Opa deutet auf ein riesiges, rundes Loch neben den Vorratshäusern. „Habt ihr das schon gesehen?" „Cool", entfährt es Aaron und schon stürmt er die steinernen Treppenstufen hinab, die in das Loch führen. „Das muss ein Swimmingpool gewesen sein." Opa schmunzelt. „Nicht ganz. Das war ein Silo, also so etwas wie ein Speicher für bestimmte Dinge. In diesem ließ der König Getreide sammeln." Katia runzelt die Stirn. „Was machte der denn mit so viel Korn? Das brauchte er doch nie im Leben! Und sein Hofstaat auch nicht!" „Das ist schon richtig", stimmt Lina zu und rechnet vor, wie viel Getreide in das große Silo passte: Mehr als 500 000 Liter, also mehr, als in eine halbe Million Milchtüten passt. Damit hätte man locker eine ganze Stadt ein Jahr lang ernähren können.

„Der König hatte natürlich nicht nur sein eigenes Essen im Sinn. Als Herrscher musste er sich auch um die Versorgung seiner Bevölkerung kümmern. Deshalb legte er Vorräte für trockene Jahre an, um Hungerkatastrophen in seinem Land zu verhindern." „Außerdem", schaltet sich nun wieder Opa ein, „verkaufte er einen großen Teil der Abgaben in andere Länder: nach Ägypten, Syrien und an die Häfen am Mittelmeer. Öl und Wein aus unserer Gegend wurden damals hoch geschätzt. Die Henkel der Krüge, die wir gefunden haben, erzählen davon. Damals wurden nämlich in manche Henkel Stempel eingedrückt. Die gaben an, wie viel Inhalt die Krüge aufnehmen konnten, wer den Inhalt produziert hatte oder wer ihn bekommen sollte."

„Bei so viel Handel wird der König richtig Kohle gemacht haben", meint Aaron. „Was hat er nur damit angefangen?" „Das kann ich mir schon vorstellen", sagt Katia, die an die Märchen aus Tausendundeiner Nacht denkt. „Wenn ich an die Paläste von Königen denke, dann brauchten die viele edle Stoffe und teuren goldenen Schmuck. Schließlich wollten sie mit ihrem Reichtum so richtig angeben. Bei dem König hier wird das auch nicht anders gewesen sein." Lina unterstützt sie. „Genau. Deshalb brauchte er sicher auch Holz aus dem Libanon. Das ist nämlich hier, wo es fast keine Wälder gibt, sehr wertvoll. Außerdem benötigte er Bronze und Eisen für seine Werkzeuge und Waffen."

Aaron schaut sehnsüchtig in die Ferne. „Ich glaube, wenn ich früher gelebt hätte, hätte ich gern diese Schätze aus allen möglichen Ländern der Welt zum Tell gebracht. Vielleicht mit einer Kamelkarawane. Das wäre bestimmt spannend gewesen. Überall hätte ich auf den Märkten gefeilscht, um günstig einzukaufen. Die größten Wüsten hätte ich durchquert und darin allen Sandstürmen standgehalten. Selbst die höchsten Gebirge wären für mich kein Problem gewesen. In ihren engen Tälern hätte ich

sämtliche Räuber in die Flucht geschlagen. Natürlich wäre ich wochen-, monate-, ja, jahrelang unterwegs gewesen, aber das hätte mir überhaupt nichts ausgemacht."

„Wenn du dich so sehr nach Abenteuern sehnst, wären vielleicht auch Fahrten auf einem Handelsschiff etwas für dich gewesen", schlägt Opa vor. „Lange Seereisen waren damals gefährlich und jeder Seemann musste etliche brenzlige Situationen überstehen, bevor er mit den kostbaren Handelsgütern hier ankam. So manches vom Meeresgrund gehobene Schiff erzählt dramatische Geschichten von schlecht ausgebesserten Lecks, von Unwettern und gewaltigen Kämpfen auf See.

13. Kapitel

Heißhunger

Auf einmal hört man ein gefährliches Knurren. „Ich wusste gar nicht, dass es hier wilde Tiere gibt“, sagt Lina lachend und schaut Katia forschend ins Gesicht. Die wird knallrot. „Das war mein Magen“, nuschelt sie verlegen. „Ich glaube, ich habe ordentlich Hunger.“ Wieder ertönt ein Knurren. Hastig durchforstet Opa seine Hosentaschen, ob er nicht vielleicht wenigstens ein Bonbon oder etwas Ähnliches auftreiben kann, aber sie sind leer. „Schade, dass es heute hier nicht mehr so ist, wie es früher einmal war“, meint er. „Sonst brauchtest du jetzt nur ins Tal zu gehen und dir etwas von den Feldern zu stibitzen.“ „Was wäre

denn damals zu holen gewesen?“ fragt Aaron. Opa meint: „Weintrauben zum Beispiel. Außerdem Feigen, Datteln und Oliven. Aus den Oliven pressten die Bauern das kostbare Öl. Und natürlich gab es auch Felder mit Weizen und Gerste.“ „Die lebten vegetarisch?“, wundert sich Katia. „Nein!“ Lina schüttelt den Kopf. „Viele Familien hatten Schafe und Ziegen. Manche besaßen auch Schweine oder sogar Kühe. Die waren in diesem kargen Landstrich zwar selten, aber gerade deshalb besonders wertvoll. Wenn man die Möglichkeit hatte, jagte man Wildschweine, Hasen, Rehe oder Hirsche und fischte in den nahe gelegenen Bächen, Seen und Flüssen.“ „Seid ihr euch da wirklich sicher?“, forscht Aaron kritisch nach und schaut Opa und Lina zweifelnd an. „Ich meine, schaut euch doch einmal um. Solche Tiere gibt es hier doch gar nicht. Und Bäume wachsen nur ganz spärlich. Wälder habe ich noch gar nicht gesehen. Wo sollen die Rehe denn gelebt haben? Kann nicht alles auch ganz anders gewesen sein?“ Zur Antwort zeigt Opa auf ein paar kleine beschriftete Plastiktütchen mit Knochen, die in einer Kiste neben ihm liegen. „Ich habe euch doch schon erzählt, dass wir auch mit Osteologen zusammenarbeiten, die die Knochen, die wir finden, bestimmen. So können wir herausbekommen, welche Tiere in dieser Gegend lebten, ob wild oder als Haustiere, und wann sie geschlachtet wurden.“ „Arbeitstiere, wie die Esel, wurden beispielsweise alt“, ergänzt Lina. „Das Fleisch von Schafen und Ziegen dagegen war sehr begehrt. Sie wurden schon oft nach einem Jahr geschlachtet.“

„Ich werde bestimmt auch nicht mehr sehr alt, wenn wir nicht bald etwas essen!“, sagt Katia und kickt einen Stein weg, um ihren Worten Nachdruck zu verleihen. Besorgt schaut Opa dem Stein hinterher, als überlege er, ob damit nicht gerade wichtiges

Beweismaterial für die Forschungsarbeit abhanden gekommen sei. Dann beschließt er, seiner Enkelin entgegenzukommen. Immerhin ist es inzwischen Mittag und wirklich schon sehr heiß. Das Thermometer zeigt selbst im Schatten über 40 Grad an und auch Opa klebt die Zunge am Gaumen. Katia hat Recht. Etwas zu trinken und zu essen und dazu ein bisschen Schatten, das wäre jetzt wirklich nicht schlecht.

Auch die Archäologen beenden ihre Arbeit auf dem Tell. Ihre T-Shirts und Hosen sind dreckig und verschwitzt. Die Hitze macht ihnen sichtlich zu schaffen. „Für heute ist Schluss!“, verkündet Opa deshalb. „Wir klettern den Tell hinunter und fahren mit dem Auto zum Grabungshaus. Da bekommen wir mit Sicherheit ein leckeres Mittagessen.“ Mit dieser Aussicht in greifbarer Nähe verlassen Opa, Lina, Katia und Aaron mit großen Schritten die Ausgrabung und steigen unten in Opas Auto, das dummerweise die ganze Zeit über in der grellen Sonne gestanden hat.

14. Kapitel

Guten Appetit

Inzwischen knurrt auch Aarons Magen so laut, dass man es nicht mehr überhören kann. „Ich beeile mich", sagt Opa schuldbewusst und drückt aufs Gaspedal. „Immer, wenn ich auf dem Tell bin, vergesse ich die Welt um mich herum."

„Da, da hinten ist das Grabungshaus!", ruft er nach einer Weile erleichtert aus und deutet durch das linke Fenster. Katia, die auf der anderen Seite sitzt, verrenkt sich fast den Hals, um auch etwas sehen zu können. Aus praktischen Gründen legt sie sich kurz entschlossen einfach über Aaron drüber. „Ey!", protestiert der, aber Katia bleibt ungerührt. „Ja, jetzt sehe ich es auch", sagt sie nur. „Das da hinten aus hellen und dunklen Steinen, stimmt's?" Opa bestätigt das. „Ja, genau. Es wurde vor gut hundert Jahren von einer arabischen Großfamilie gebaut, die es bis vor ein paar Jahrzehnten auch bewohnt hat. Nachdem sie in eine moderne Siedlung gezogen ist, ist die Anlage mehr oder weniger verfallen. Die Wohnräume an zwei Seiten des großen Innenhofes haben wir wieder hergerichtet und die ehemaligen Tierställe zu Lagerräumen für die Funde umgebaut. Wir möchten nämlich nicht nur Häuser, die vor Jahrtausenden gebaut wurden, sondern auch die arabische Kultur der letzten Jahrhunderte schützen."

Vor dem Grabungshaus angekommen lässt er das Auto einfach irgendwie stehen. Mit dem Parken scheint es hier niemand so genau zu nehmen. Das Türenschlagen hat allerdings offensichtlich im Haus die Neugierde geweckt. Etliche Leute laufen heraus, begrüßen Opa und stellen sich Katia und Aaron vor. Leider geht es so schnell, dass sich Katia nicht alle Namen merken kann. Erst recht nicht, weil sie so großen Hunger hat. Dann hat sie immer

das Gefühl, dass ihr Magen alle Energien benötigt und ihrem Kopf keine mehr abgeben kann. Zum Glück sagt eine Frau: „Ihr seid genau zur richtigen Zeit gekommen. Der Mittagstisch ist schon gedeckt." Sie geht ihnen voraus und führt sie in den Innenhof des Hauses.

Aaron ist überrascht. Die unerträglich große Mittagshitze draußen ist hier wie weggeblasen. Zitronen-, Mandel- und Feigenbäume sorgen für wohltuenden Schatten. Sogar eine große Palme steht gleich neben der mit einem schweren runden Stein verschlossenen Zisterne*. Der Tisch befindet sich unter einem dichten Blätterdach aus Weinranken. Dort lassen sich Katia und Aaron nieder. „Dieser Hof ist ein kleines Paradies", sagt Opa und trifft damit genau den Eindruck von Katia, die sich fragt, ob vielleicht auch die antiken Häuser auf dem Tell früher einmal so liebevoll gepflegte grüne Innenhöfe hatten. An Pflanzen hat sie bisher nämlich noch gar nicht gedacht. Schließlich findet man auf dem Tell heute nur noch Erde und Steine.

"Ist ja irre!", entfährt es Aaron, als er sieht, dass sich der Tisch geradezu biegt unter all den Esssachen, die darauf stehen. Noch bevor er überhaupt richtig auf seinem Platz sitzt, schaufelt er große Portionen von den Salaten, Gurken, Tomaten, Oliven, Falafeln, dem Pita-Brot und dem Kichererbsenpüree, das Hummus heißt, auf seinen Teller. Hastig beginnt er zu essen und hält nur zwischendurch immer mal wieder kurz inne, um etwas zu trinken.

Als er schon fast platzt, raunt Opa ihm ins Ohr: „Du weißt, dass das hier erst die Vorspeise war, oder?" Schmunzelnd beobachtet er, wie Aarons Augen immer größer werden, als Lina und Simon kurz darauf die Hauptspeise, Hühnchenfleisch mit Kartoffeln und grünen Bohnen, auftischen – und dann das Beste von allem: den Nachtisch. Bei der Creme mit Feigen und Walnüssen, den Früchten, dem Dattelkuchen und den mit Mandeln belegten Plätzchen, den Honig-Harissa, schlägt Aaron noch einmal richtig zu. Vor allem

die Plätzchen sehen so gut aus, dass er sich gleich zwei in den Mund schiebt und ... sie im nächsten Moment fast wieder ausspuckt! Die sind ja widerlich süß! Lina scheint das allerdings anders zu sehen. „Die schmecken toll, nicht wahr?“, fragt sie ihn und beißt genießerisch in eines der Plätzchen. Aaron nickt tapfer, schwindelt ein „echt lecker!“ und versucht, unauffällig an sein Glas zu kommen, um die Plätzchen mit einem großen Schluck Wasser hinunterzuspülen.

Er hat Glück! Lina scheint nichts davon mitbekommen zu haben. Sie trinkt inzwischen mit den anderen Erwachsenen Kaffee, wie das nach dem Essen so üblich ist. Dann gehen sie alle an die Arbeit.

„Und was machen wir?“, fragt Aaron. „Fahren wir jetzt nach Hause?“ Opa lächelt. „Noch nicht. Schaut euch doch einfach noch ein bisschen um.“

Manche Archäologen tippen ihre Funde und Beobachtungen vom heutigen Grabungstag in den Computer ein. Nach und nach findet sich so der Tell mit all den Funden und Geschichten über viele, viele Generationen in einer einzigen Datei wieder. Und jeder, der Interesse hat, kann sich blitzschnell über alle Einzelheiten der Ausgrabung informieren. Aaron sieht lange zu und guckt dann anderen Archäologen über die Schulter. Sie reinigen mit Bürsten die heute gefundene Keramik in großen Wasserschüsseln und legen diese danach zum Trocknen in die Sonne. An einem Tisch im großen Hof des Hauses wird die gesäuberte Keramik des letzten Tages begutachtet. Hier arbeitet Lina. Sie sieht sich die Scherben genau an. Und sie bestimmt aus ihrem Aussehen, ihrer Zusammensetzung und ihrem glatten oder rauen Überzug das Alter und die ehemalige Form. „Das war ein eisenzeitlicher Kochtopf“, sagt sie gerade und schätzt dessen Alter auf über 2700 Jahre. Opa nickt. Er weiß, dass die junge Archäologin seine Arbeit gewissenhaft fortführt. Er geht in einen Schuppen, wo er ein paar Schaufeln und eine Hacke repariert. Schließlich soll morgen alles wieder funktionieren.

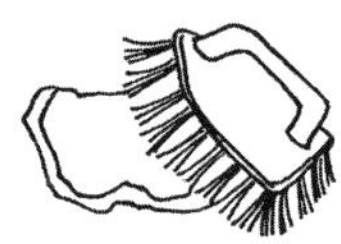

Am meisten interessiert Aaron die Arbeit der Restauratorin. Sie arbeitet abseits des Trubels in einer stillen Ecke des Innenhofes. Gemeinsam mit ihr puzzelt er Scherbe für Scherbe eines großen Kruges wieder zusammen. „Das dauert ja ätzend lange!“, murmelt er vor sich hin, während er auf dem Scherbentisch nach passenden Stücken sucht. Doch aufgeben mag Aaron auch nicht. Immerhin will er wissen, wie der Kochtopf einmal ausgesehen hat.

15. Kapitel

Pferdestall und Puppenstube

Katia beobachtet die Restauratorin und ihren Bruder bei der Arbeit. Man könnte wirklich meinen, die zwei wären in ein Puzzle-Spiel vertieft. „Sag mal“, wendet sie sich an Lina, „was haben die Kinder eigentlich gemacht, wenn sie nicht gerade ihren Eltern helfen mussten?“ Lina lächelt und meint: „Sie werden gespielt haben, wie du auch.“

Inzwischen ist der Krug beinahe vollständig. Nur für zwei, drei Löcher scheint es einfach keine passenden Scherben zu geben. „Darf ich dir deinen Helfer mal entführen?“, fragt Lina die Restauratorin. „Ich wollte unseren beiden Gästen gern unsere Pferde und Esel zeigen.“ „Sicher, kein Problem. Wir sind hier eh’ so gut wie fertig“, antwortet die Restauratorin.

„Nein, nicht schon wieder reiten!“, jammert Aaron und folgt Lina eher unwillig. Allerdings steuert sie merkwürdigerweise nicht auf einen Pferdestall, wie er ihn kennt, sondern auf den Lagerraum zu. Dort holt sie eine Kiste aus dem Fundregal. „Seit wann sind Pferde in Kisten?“, fragt er belustigt. „Du wirst schon sehen“, sagt Lina geheimnisvoll und hebt den Deckel ab. In der Kiste liegen winzige Keramik-Tiere. „Da hab ich ja Glück gehabt, dass es sich nur um Scherben handelt“, schmunzelt Aaron.“ „‚Nur‘ ist gut!“, empört sich Katia über seine geringe Begeisterung und nimmt vorsichtig eines der vier Pferde in die Hand. Auch zwei Esel sind in der Kiste und ein paar andere Tiere, die so ungeschickt geformt sind, dass sie alles Mögliche sein könnten.

„Und was sind das für Mini-Schüsseln und -Schalen? Die sehen ja aus wie Puppengeschirr!“, stellt Katia fest. „Gibt es dann auch Puppen dazu?“ Und sie ist völlig hin und weg, als Lina tatsächlich aus einem weichen Tuch eine kleine Figur auspackt. Schnell legt sie die Pferde in die Kiste zurück, um sich ganz der Puppe zu widmen. Die Ärmste ist ja völlig nackt. „Sag bloß, du hast auch schon vor 3000 Jahren nichts angehabt!“, spricht Katia in besorgtem Ton die Puppe an. „Doch, doch“, beruhigt sie Lina. „Die Kinder werden ihren Puppen damals sicher auch Kleider genäht haben.

Vielleicht aus Schafswolle oder aus Flicken, aber solche Materialien kann man nach so vielen Jahren nicht mehr finden.

Du kannst also ganz beruhigt sein; sie werden ihre Puppen genauso gut versorgt haben wie du deine.“ Katia lächelt und denkt einen Moment lang an den Pferdestall und das Puppenhaus, die Mama und Papa ihr und Aaron vor ein paar Jahren zu Weihnachten gebaut haben. Jetzt steht beides schon seit längerer Zeit unbenutzt auf dem Speicher herum.

„Es gab sicher auch noch andere Spielsachen“, wirft Aaron ein, der sich nicht vorstellen kann, dass die Kinder damals nur mit Keramikfiguren und Geschirr gespielt haben.

„Natürlich“, meint Lina, „schaut mal, ihr zwei, das sind die ältesten Würfel der Welt!“ Dabei hält sie den Geschwistern einige kleine graue Gegenstände hin. „Würfel?“, fragt Aaron, und wiegt die seltsamen leichten Dinger prüfend in den Händen. „Ja, genau genommen Astragale“, sagt Lina und erklärt, als sie den fragenden Blick der Kinder sieht: „Das sind kleine Tierknochen, meistens von Ziegen oder Schafen. Wegen ihrer besonderen Form können sie auf vier verschiedenen Seiten liegen bleiben, wenn man sie wirft. Darum eignen sie sich super zum Würfelspielen.“ „Aha“, meint Aaron, „und was ist mit Brettspielen?“ Er spielt nämlich gern mit seiner Schwester Mühle – vor allem, weil er häufiger gewinnt als sie und sie sich dann immer so schön ärgert.

„Die gab es auch schon“, antwortet Lina. „Au toll, dann könnten wir heute Abend ja mal so ein richtig uraltes Spiel spielen!“, freut sich Aaron. Doch da muss ihn Lina enttäuschen.

„Das wird nicht gehen. Wir kennen die Spielregeln nicht mehr, weil die Leute sie sich früher einfach nur gegenseitig erklärt haben. Jedenfalls haben wir noch kein Anleitungsheft ausgegraben …“

Doch Katia hat eine grandiose Idee: „He Aaron, komm, wir ritzen uns unser eigenes Mühlespiel in eine Steinplatte auf dem Hof und hinterher suchen wir uns helle und dunkle Steinchen zum Spielen.

16. Kapitel

Das Hotel der tausend Sterne

So vergeht Stunde um Stunde und es wird Abend. Opa winkt den Kindern, dass sie ihm folgen sollen. Vor seinem Auto bleibt er stehen. Umständlich macht er sich am Kofferraum zu schaffen, bis die Klappe endlich aufspringt. Innen liegen Katias und Aarons Schlafsäcke. „Ich weiß ja nicht, was ihr von der Idee haltet", macht es Opa spannend, „aber ich dachte, ihr hättet vielleicht Lust, die Nacht hier zu verbringen."

Na, und ob sie Lust haben. Katia tanzt mit weit ausgebreiteten Armen über das Dach des Grabungshauses. „Ich hab ein Haus, ein kunterbuntes Haus, ein Äffchen und ein Pferd, die schauen dort zum Fenster raus, ich hab ein Haus ... "✏, singt sie lauthals und fasst Aaron bei den Armen. „Komm, mach mit", jauchzt sie übermütig. „Du bist ja völlig übergeschnappt", stellt Aaron fest und weigert sich, in die verrückten Sprünge seiner Schwester einzusteigen. „Ja, bin ich", lacht Katia, während sie weiter atemlos über das Dach springt. „Bin ich, bin ich! Aber ich habe doch allen Grund dazu – oder nicht? Wer hat schon die Möglichkeit, eine Nacht im Orient unter freiem Himmel zu verbringen? Wohl nicht so viele. Aber wir. Wir ganz alleine. Wir dürfen hier oben schlafen, uns in unsere Schlafsäcke kuscheln und den Sternenhimmel genießen."
Opa beobachtet sie lächelnd. Die Überraschung scheint ihm gelungen zu sein. „Aber wartet noch, bis ihr euch hier oben breit macht", bittet er. „Da ich euch ja schlecht hungrig schlafen schicken kann, dachte ich, wir machen vorher vielleicht noch ein Lagerfeuer." Das Wort ‚Lagerfeuer' löst bei Katia gleich neue Freudensprünge aus, während Aaron beschließt, dass das die Gelegenheit ist, sich nützlich zu machen. Wenn Papa ihm etwas richtig gut beigebracht hat, dann, wie man ein Lagerfeuer vorbereitet. Natürlich weiß er auch, wie man Kartoffeln, Stockbrot und Maiskolben im Feuer gart.

Allerdings muss er zusammen mit Opa erst einmal die alten Matratzen finden, die sie ums Feuer legen wollen, damit jeder gemütlich das Lagerfeuer genießen kann. Bei den vielen Sachen, die in den großen Vorratsräumen des Grabungshauses aufbewahrt werden, ist das keine leichte Aufgabe. Praktischerweise ist Aaron ein wahrer Meister, wenn es darum geht, Sachen in unaufgeräumten Räumen ausfindig zu machen. Sein Zimmer bietet schließlich

----

✏ Dieses Lied singt Pippi Langstrumpf im gleichnamigen Film von Olle Hellborn und Astrid Lindgren (1969). Er basiert auf Astrid Lindgrens Buch "Pippi Langstrumpf (Oetinger Verlag Hamburg)

beste Trainingsmöglichkeiten. Und so entdeckt er in einer mit Brettern zugestellten Ecke nicht nur die Matratzen, sondern auch eine schon leicht ramponierte Gitarre. „Wem gehört die denn?“, erkundigt er sich. Opa zuckt unwissend mit den Schultern. „Vielleicht Peter? Peter! Ist das deine Gitarre?“ Ein Archäologe blickt von seinem Scherbentisch auf. „Wie? Oh ja. Wo habt ihr die denn gefunden? Die suche ich schon seit Montag.“ Glücklich nimmt er sein vermisstes Instrument an sich und zupft die Saiten an. Ein bisschen verstimmt sind sie schon. Er dreht an den Wirbeln, bis sich der Klang wieder sauber anhört. „Dann haben wir beim Lagerfeuer sogar Musik“, freut sich Aaron und stürzt sich noch eifriger in die Vorbereitungen.

Um acht Uhr ist es endlich so weit. Das Feuer lodert, Kartoffeln und Maiskolben werden auf Tellern verteilt. Dazu gibt es frisches Fladenbrot und Salatreste vom Mittagessen. Alle Bewohner des Grabungshauses sind versammelt. Wein wird herumgegeben und Lina erlaubt Aaron sogar, einen kleinen Schluck aus ihrem Glas zu nehmen. Nur zum Probieren natürlich. Aaron kommt sich trotzdem sehr erwachsen vor. Erwachsen und glücklich. Noch glücklicher macht ihn Peter, als der nach seiner Gitarre greift und leise zu spielen beginnt. Immer mal wieder spielt er bekannte Lieder, in die dann alle einstimmen. Zwischendurch spielt er einfach nur vor sich hin.

Katia holt ihren Schlafsack und macht es sich auf dem Dach gemütlich. Zufrieden lauscht sie dem Gitarrenspiel. Sie legt den Kopf in den Nacken und beobachtet den dunklen Himmel, an dem sich unendlich viele Sterne abzeichnen. So klar hat sie die noch nie gesehen. Wahrscheinlich, weil sonst immer Straßenlaternen und die vielen hellen Lichter von Köln verhindern, dass es so dunkel wird wie hier. Je länger sie guckt, desto mehr Sterne entdeckt sie. Dicht an dicht gedrängt bevölkern sie den Himmel. „Wie viele Sterne gibt es eigentlich? Und wo ist der große Wagen?“, fragt sie sich. Aber sie kommt nicht mehr dazu, sich richtige Gedanken darüber zu machen. Denn im Nu ist sie eingeschlafen.

17. Kapitel

Vor Gericht

Am nächsten Morgen werden Katia und Aaron noch lange vor den ersten Sonnenstrahlen geweckt. „Aufstehen, ihr Schlafmützen“, hören sie von der linken Seite, auf der Peter gerade aus seinem Schlafsack kriecht. „Wie früh ist es denn?“, murmelt Aaron schlaftrunken. Peter zuckt mit den Schultern. „Zeit zum Aufstehen jedenfalls. Jetzt ist es noch angenehm kühl, da geht die Arbeit auf dem Tell besser voran.“ Trotzdem bewegen sich Katia und Aaron keinen Zentimeter. „Na wartet“, droht Peter, „dann fährt das Grabungsauto in einer halben Stunde ohne euch ab.“ Die Drohung wirkt. Katia und Aaron sehen ein, dass es wirklich keine Chance für sie gibt, noch liegen zu bleiben. Sie steigen vom Dach in den Hof des Grabungshauses hinab und treffen Opa, der es vorgezogen hat, innen auf einer Holzpritsche zu übernachten. „In meinem Alter muss ich nicht mehr draußen schlafen“, hat er gesagt. „Solche Abenteuer sind doch eher etwas für die jüngere Generation.“ Er freut sich, dass seine Enkel gut geschlafen haben. Sie schmieren sich am Esstisch im Hof des Grabungshauses Brote und dann verfrachtet Opa sie wieder ins Auto. „Oder habt ihr keine Lust mehr, den restlichen Teil unserer alten Stadt zu besichtigen?“, fragt er. „Doch, doch, natürlich!“, rufen Katia und Aaron. Darin sind sie sich ausnahmsweise einig.

Zuallererst will Opa mit ihnen zum Stadttor. Schließlich musste man da auch früher durch, wenn man in die Stadt hinein oder aus ihr heraus wollte. Zum Beispiel, um zu den Feldern zu kommen, Wasser zu holen oder die Tiere auf die Weide zu treiben. Die meisten Städte hatten damals nämlich nur ein einziges Tor. Und das war ein riesiger Bau. Der bot nicht nur Platz für die Zolleinnehmer und die Stadtwache, sondern war auch der übliche Treffpunkt, um Freunde zu sehen.

Aaron will es den Wächtern vor tausenden von Jahren nachmachen und auf die Mauern klettern, doch Opa kann ihn gerade noch am T-Shirt festhalten. „Lass das bitte! Die Mauern könnten unter deinen Schuhen zusammenstürzen. Dabei könntest du dich verletzen, einmal ganz abgesehen davon, dass uns dadurch wichtiges Material verloren ginge."
Katia ist völlig in die alte Welt eingetaucht. Sie steht im Toreingang und begrüßt die Händler und die Bewohner der Stadt. Sie tauscht mit ihnen Neuigkeiten aus und organisiert gleich ein großes Fest auf dem Platz vor dem Tor. Dass hier auch Gericht gehalten wurde, erfährt sie von Opa. Also stellt sie sich vor, wie die Kläger auf die Beschuldigten warteten und mit ihnen stritten. Opa meint noch, dass meist einer der älteren, ehrenwerten Bürger das Urteil sprach. „Natürlich urteilten sie damals schon nach Gesetzen. Bei Diebstahl oder Mord drohten schwere Strafen."

18. Kapitel

Tanz für die Götter

Der Frau, die auf der gepflasterten Straße auf das Stadttor zukommt, droht keine Strafe. Es ist Lina, die Werkzeug zu ihrem Grabungsquadrat trägt. Anscheinend hat ihr die Rolle als Führerin gestern gut gefallen, denn sie ruft schon von weitem: „Kommt mit! Ich zeige euch noch etwas.“ Sie leitet Katia und Aaron zu einem Gebäude mit einem sorgsam gepflasterten Fußboden. Einige Stufen führen zum Eingang hinauf und Lina sagt feierlich: „Darf ich vorstellen – unser Tempel!“ „Hey, da hinten kann man sich ja hinsetzen,“ sagt Katia und läuft an den Säulen vorbei auf die kleine Steinmauer im hinteren Teil des Raumes zu. Sie nimmt Platz und streckt ihre Beine aus. „Das war aber bequem während des Gottesdienstes“, meint sie. Doch Lina schüttelt den Kopf. „Damals lief das alles etwas anders ab. Das Heiligtum, in dem wir jetzt sind, durften nur die Priester betreten. Sie legten hier die Gaben ab, die die Stadtbewohner den Göttern opfern wollten. In der Rückwand seht ihr kleine Nischen. Die aufrecht stehenden schlanken Steine dort symbolisierten die Gottheiten. Manchmal gab es auch Prozessionen, bei denen die Bilder der Götter durch die Stadt getragen wurden. Da konnte jeder zuschauen. Was aber hier im Innersten vor sich ging, konnte man nur von weitem beobachten. Die Priester vollzogen geheimnisvolle Rituale, die die Götter gnädig stimmen sollten. Auch wir wissen nur dann etwas davon, wenn ihre Schriften uns das verraten.“

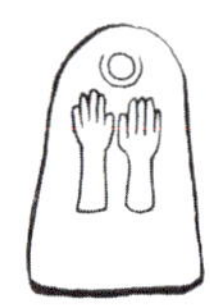

Aarons Blick fällt auf einen ganz besonderen Stein hinter dem großen Altar. In ihm sind ausgestreckte Hände eingemeißelt und darüber eine Sichel und ein Kreis. Opa erklärt das so: „Hier ist der Mondgott abgebildet, oben als runder Vollmond und darunter als Mondsichel. Oft wurden Dinge verehrt, die sichtbar und den Menschen aus dem täglichen Leben bekannt waren, wie die Sonne, das Meer oder der Mond. Dazu stellte man sich passende Götter vor.“

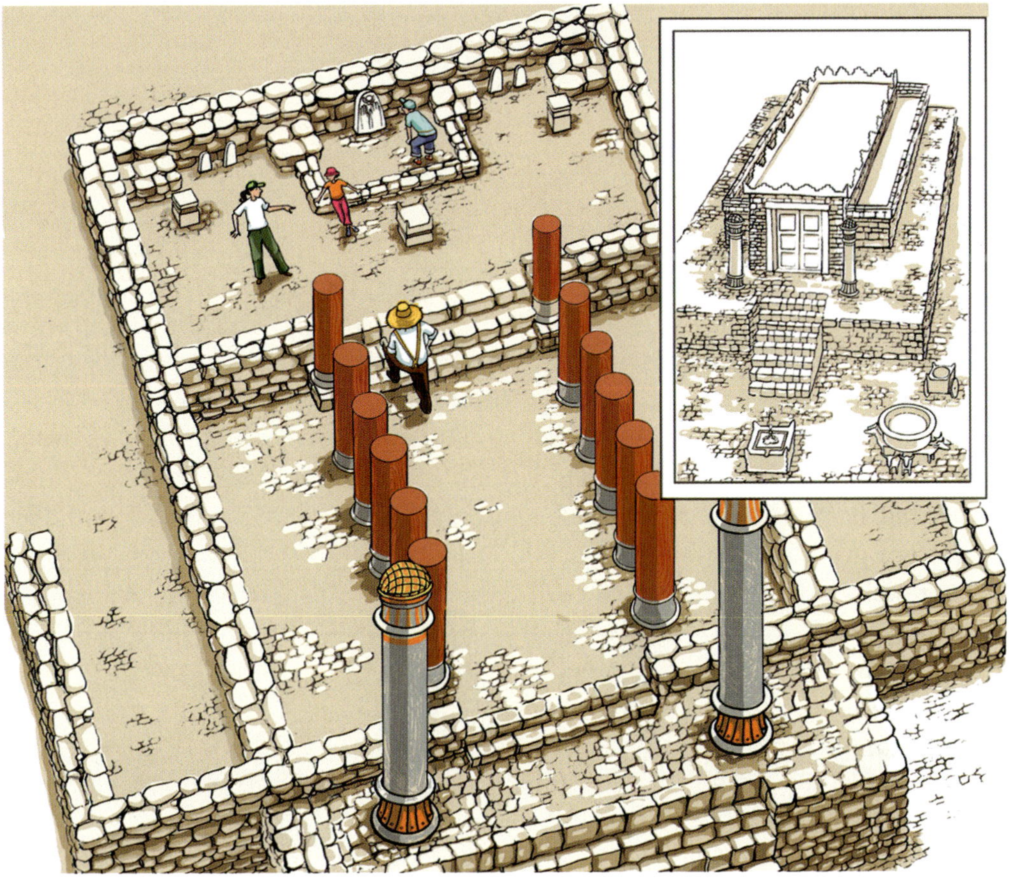

„Hat das denn funktioniert?“, will Katia wissen. „Ich glaube schon“, antwortet Opa, „die Menschen haben über Jahrtausende auf diese Götter vertraut. Von ihnen erwarteten sie Hilfe im Alltag, gute Ernten auf den Feldern, Glück und Stärke im Krieg oder nach dem Tod eine ehrenvolle Aufnahme ins Totenreich. Viele Familien verehrten gleich mehrere Götter: den freundlichen Schöpfergott El, den kämpferischen Wettergott Ba´al oder die schöne Liebes- und Kriegsgöttin Aschtarte. Ihnen zu Ehren wurden zu bestimmten Zeiten vor ihren Tempeln große Feste gefeiert.“

Katia ist fasziniert. Sie stellt sich vor, wie auf der freien Fläche vor dem Gebäude alle Menschen der Stadt tanzen und lachen, essen und trinken, singen und beten. Und wie die Priester mit ihren langen Gewändern in den Tempel schreiten, um darin geheimnisvolle Dinge zu tun ...

Aaron dagegen ist eher verwirrt. „Ich dachte immer, die hätten nur einen Gott gehabt.“ „Ja, ja“, sagt Opa und schmunzelt in sich hinein, „das forderten die Propheten und Priester damals in Jerusalem. Aber längst nicht alle Judäer und Israeliten hielten sich daran. Doch wenigstens im Jerusalemer Tempel beteten sie wirklich nur zu einem Gott. Ihn durch ein Bild darzustellen, war ihnen verboten. Von den Erfahrungen mit ihrem Gott habt ihr bestimmt schon einiges gehört, denn sie haben sie in einem Buch aufgeschrieben. Und dieses Buch ist nichts anderes als das Alte Testament in der Bibel.“

19. Kapitel

Wichtige Leute

Tja, dadurch ist das Alte Testament natürlich wichtig für uns", knüpft Lina an Opas Erklärung an. „Es verrät uns einiges über längst vergangene Zeiten. Zum Beispiel können wir darin die Namen der Jerusalemer Könige nachlesen. Die herrschten wahrscheinlich über unsere Stadt. Doch so ganz sicher sind wir uns nicht, ob ihre Macht bis hierher reichte."

„Und wo regierten die anderen Könige?" „Entweder in Sidon, Tyros, Buseira, Kerak, Rabbat-Ammon, Gaza oder Samaria. Das waren die Hauptstädte der anderen Königreiche dieser Zeit."

„Uff", ächzt Aaron, „so viele Könige! Wozu wurden die denn alle gebraucht? Man hätte doch eigentlich auf einige verzichten können, wenn sie eh nur Abgaben und Steuern von ihren Untertanen haben wollten." „Na hör mal, Könige waren damals schon wichtig", verteidigt Lina die alten Könige. „Schließlich repräsentierten sie nicht nur das Land. Wie ihr gestern am Vorratshaus gesehen habt, kümmerten sie sich auch um die Versorgung ihrer Bevölkerung. Zumindest, wenn es gute Könige waren. Dann sorgten sie zusätzlich für den Bau von Zisternen*, damit ihr Volk im Hochsommer noch Wasser hatte und die Tiere nicht verdursteten. Außerdem waren sie verantwortlich für den internationalen Handel und verteidigten mit ihrer Armee die Städte und Dörfer."

„Okay, okay, Könige waren wichtig“, räumt Aaron ein, „aber der König wohnte doch weit weg. Er kann doch nicht immer hier gewesen sein, oder?“ „Ja genau“, meint Lina, „darum gibt es in unserer Stadt das Haus eines königlichen Verwalters. Der kümmerte sich um die Handelsgeschäfte dieses Ortes, sammelte Steuern ein und mahnte die, die noch nicht gezahlt hatten. Lasst uns da mal hingehen.“

„Um noch einmal auf den König zurückzukommen“, nimmt Katia das Gespräch von eben wieder auf, „wurde immer der Beste und Tapferste zum König gewählt?“ Sie erinnert sich an zahlreiche Märchen, die Mama ihr und Aaron früher vorgelesen hat. In denen mussten die Prinzen immer bei einem Turnierkampf gewinnen, weil nur der Klügste und Tapferste die schöne Prinzessin heiraten durfte. „Nein“, meint Opa, „Wettkämpfe gab es damals nicht. Meistens wurde der älteste Sohn des bisherigen Königs zum Nachfolger bestimmt, weil das Amt erblich war.“

Aaron schüttelt verwundert den Kopf. „Woher wisst ihr das nun schon wieder? So was kann man doch nicht einfach ausbuddeln.“ Opa lacht. „Wenn etwas aufgeschrieben wurde, schon. Inschriften, beschriebene Tonscherben und Tontäfelchen mit Keilschrift lassen sich durchaus ausgraben. Wenn wir dann mit Wissenschaftlern zusammenarbeiten, die die alten Sprachen beherrschen und das entziffern, was wir gefunden haben, wissen wir Bescheid.“

20. Kapitel

Schöner leben ohne Schule?

Wenn die Leute damals schon schreiben konnten, muss es hier doch auch eine Schule gegeben haben. Wo ist sie?", fragt Katia und schaut sich um. „Ich habe bisher noch keine entdeckt." „Es gab auch keine", sagt Lina und muss lachen, als sie in die begeisterten Gesichter von Katia und Aaron blickt. „Himmlisch", freut sich Aaron. „Hätte ich nur damals gelebt!" „Wenn ich dir erzähle, was die Kinder stattdessen gemacht haben, glaube ich nicht, dass du dann noch gerne mit ihnen getauscht hättest", meint Lina trocken. „Die kleinen Kinder blieben bei ihrer Mutter im Haus. Die größeren Mädchen halfen im Haushalt, kümmerten sich um die jüngeren Geschwister, hüteten die Schafe oder arbeiteten auf dem Feld. Die Jungen erlernten meist den Beruf des Vaters. Sie begleiteten ihn aufs Feld oder in die Werkstatt. Er war es, der sie ausbildete, das heißt, ihnen alle Kniffe seines Berufes verriet. Lesen und Schreiben lernen konnten damals nur wenige."

Aaron seufzt bei der Vorstellung, Papa könnte sein Lehrer sein, hörbar auf. So gern er ihn hat, das gäbe sicher täglich Stress. Lina sieht ihn amüsiert von der Seite an, geht aber nicht auf sein ablehnendes Brummeln ein. Stattdessen berichtet sie, dass es im Land doch einige wenige Schulen gab. „An denen lehrten Männer, die als sehr weise galten. Sie unterrichteten nur die Kinder der Königsfamilie, der Beamten, der Priester und der reichsten Handwerker. Ihnen sollten sie Lesen, Schreiben und Kopfrechnen beibringen."

„Die Kinder mussten vieles auswendig lernen", schildert Lina den Alltag der Schüler von damals. „Lieder, Gedichte, Benimm-Regeln und nicht zu vergessen die Gesetze. Schließlich war es am Wichtigsten, die Vorschriften zu kennen, nach denen sie später die Befehle des Königs auszuführen hatten." „Vielleicht schickte der Stadtverwalter dieser Stadt, der aus dem großen Haus dort, seine Kinder ja auch in solch eine Schule", überlegt Katia. „Warum nicht?", meint Lina. „Da könntest du Recht haben. Wir haben auf jeden Fall das hier in seinem Haus gefunden: die Übungstafel eines Schülers! Seht ihr, in diesen weichen Stein hat er seine Hausaufgaben eingeritzt. Der Text zählt auf, was die Bauern in jedem Monat des Jahres auf dem Feld säen oder ernten sollten."

Katia beäugt die Tafel kritisch. „Die Zeilen sind aber nicht wirklich waagerecht. Dazu dieses Gekritzel am Rand. Wenn das meine Lehrerin sehen würde ..." „Tja, die ordentliche Schrift", lacht Lina. „Aber du musst natürlich bedenken, wie schwierig es ist, Buchstaben in Stein zu ritzen.

Auf großen, harten Steinen wurden die Wörter sogar eingemeißelt – mit dem Hammer in der rechten und dem Meißel in der linken Hand. Deshalbschreibt man hier auch heute noch anders herum als bei euch, also von rechts nach links. Fast noch schwieriger ist aber, dass es in unserer Schrift nur Konsonanten gibt. A, E, I, O und U werden nicht und wurden auch damals nicht geschrieben.“ Sie bückt sich und kritzelt, von rechts beginnend, auf einen Stein:

?RD – GRWHCS NHCS ZNG

„Habt ihr's schon erraten?“, fragt sie. Aaron lacht und zieht die Nase kraus. Er

meint: „In Opas Zeitung gibt es auch keine Vokale. Trotzdem liest er sie genauso schnell wie Papa seine daheim." „Reine Übungssache", murmelt Opa. „Wenn man lange genug in der Schule übt, ohne Vokale zu lesen, macht einem das gar nichts mehr aus."

„Früher gab es aber noch keine Zeitungen – nur Tontafeln", weiß Aaron. Später dann war das Schreibmaterial aus Papyrus, das die Ägypter erfanden und von dem unser Papier seinen Namen hat. Aber das sagt er nicht mehr. Sonst schimpft Katia ihn wieder einen Klugscheißer. Und das muss er sich ja nicht antun …

Plötzlich wird er mitten aus seinen Gedanken gerissen. In einem Ausgrabungsquadrat jubeln Archäologen laut auf und einer von ihnen sprintet sofort auf sie zu. „Wir haben etwas gefunden", japst er, „etwas ziemlich Sensationelles!" Lina springt auf und auch Opa ist auf einmal sehr schnell auf den Beinen. „Wo, wo?", ruft er. Aufgeregt winkt er mit den Armen, sodass auch die anderen Archäologen auf dem Tell hochgucken. Was ist denn dahinten los? Neugierig kommen sie näher. „Mir nach!", sagt der Überbringer der Nachricht und läuft allen voran zur Fundstelle.

21. Kapitel

Ein Schatz!

Die Fundstelle befindet sich im alten Wohnhaus, das Katia und Aaron gestern schon besichtigt haben. Sie versuchen, zwischen den vielen Leuten hindurch einen Blick in den Ausgrabungsbereich neben der Türschwelle des Hauses zu werfen. Dort, wo man früher von der Straße in den Hof gelangte, reinigt ein Archäologe mit einem kleinen Spatel einen Keramikkrug. Stück für Stück bürstet er vorsichtig den Dreck mit einem Pinsel weg. Der Krug scheint nur an einer Stelle zerdrückt worden zu sein, offenbar durch einen Stein. Aus dem Bauch des Gefäßes schimmern Metallstücke, goldene Schmuckanhänger und rechteckige Silberstücke. Getuschel und erstaunte Rufe machen die Runde. „Das sieht ja aus wie ein Schatz aus Tausendundeiner Nacht!“, stellt Katia fest. Schade, dass sie jetzt nicht einfach mit beiden Händen in den Krug fassen darf. Wie gerne wüsste sie, wie es ist, wenn einem Gold und edle Schmuckstücke in Hülle und Fülle durch die Hände gleiten. Auch die Kette mit den goldenen Anhängern würde sie gerne einmal umlegen. Wenigstens ein einziges Mal …

Aaron macht sich ebenfalls Gedanken über den Schatz. Aber nicht so romantische wie Katia. Er überlegt vielmehr, warum der Schatz wohl ausgerechnet hier vergraben wurde. Hier, mitten auf dem Tell. „Und was diese zerbrochenen rechteckigen Silberstücke bloß einmal darstellten?“, grübelt er laut. „Zerbrochene Silberstücke sind in dem Krug?“, fragt Opa. „Ja!“ Aaron nickt. „Sieh doch selbst!“ Opa lächelt. „Dann kann ich mir vorstellen, was für einen Schatz wir hier haben: Das wird ein Hortfund sein! Hortfunde sind die Schätze, die Bewohner in ihren Häusern oder an geheimen Plätzen vergruben, wenn feindliche Soldaten die Stadt bestürmten. Sie wollten sicher sein, dass ihre wertvollsten Besitztümer nicht dem Feind in die Hände fielen. Also steckten die Frauen ihren schönsten Schmuck und die Männer teure Metallwerkzeuge in den Krug. Was nicht reinpasste, wurde in so viele Stücke zerbrochen, bis es doch noch Platz fand – wie diese Teile einer großen Silberplatte hier.“

„Die Leute wollten sicher nach dem Krieg ihre Schätze wieder ausgraben“, meint Katia. „Natürlich wollten sie das“, sagt Opa. „Leider scheint sich ihre Hoffnung nicht erfüllt zu haben. Vielleicht wurden sie beim Kampf getötet oder in Gefangenschaft geführt.“ „Und so hat es bis heute gedauert, bis ihr Geheimnis gelüftet wurde“, spricht Katia ehrfürchtig aus. „Die Ärmsten!“

22. Kapitel

Sieg oder Niederlage?

Katia hat Mitleid. Das muss ja entsetzlich gewesen sein. Eigentlich will sie sich gar nicht näher vorstellen, was sich damals abgespielt hat. Doch sie hat die Rechnung ohne ihren Bruder gemacht. Der drängt sie zur Stadtmauer und schildert ihr in bunten Farben, wie es ausgesehen haben muss, als mehrere tausend Soldaten mit ihren Waffen die Stadt belagerten. Trotz der Hitze fröstelt es sie. „Hör auf, bitte!“ Aaron blickt seine Schwester von der Seite an. Dass sie sich so etwas aber auch immer derart zu Herzen nehmen muss! Rasch versucht er, die Sache von der positiven Seite aus zu beleuchten. „Immerhin gab es damals noch keine Panzer und vor allem keine Flugzeuge.“ „Na toll!“, sagt Katia ironisch. „Dafür kämpften sich Steinschleuderer, Bogenschützen und Männer mit Speeren an die Stadt heran. Sie schütteten hohe Rampen gegen ihre Mauern auf, um diese mit Rammböcken zu zerschmettern.“ Das weiß sie aus ihrem Geschichtsbuch.

„Oh je“, meint Aaron, „das klingt ja wirklich übel. Konnte sich die Stadt denn gar nicht verteidigen?“ „Doch“, antwortet Opa, der sich zu ihnen gesellt hat. „Die Verteidiger versuchten, Steine und Speere von den hohen Stadtmauern herab auf die Angreifer zu werfen und die hölzernen Rammböcke mit Fackeln in Brand zu setzen. Leider hat das unserer Stadt hier, wie ihr gesehen habt, wenig geholfen. Kein Wunder eigentlich. Ihre Angreifer waren die Assyrer – ein mächtiges Volk aus dem Osten. Seine Hauptstadt lag im Norden des heutigen Irak. Über viele Jahrhunderte hinweg beherrschte es alle Völker dieser Gegend. Selbst die Pharaonen im fernen Ägypten mussten sich den Assyrern geschlagen geben und auch der König in Jerusalem zahlte ihnen Tribut.“
„Weißt du, was er ihnen geben musste?“, fragt Katia. Opa denkt nach und zählt dann auf, was er einmal gelesen hat: „Pferde, Kamele, Rinder, Edelsteine und Elfenbein. Oder eben Gold und Silber wie

in unserem Krug.“ Er fügt hinzu: „Am Schlimmsten war, dass die Assyrer auch Menschen aus den unterworfenen Gebieten verschleppten: Beamte, Priester, Handwerker, Offiziere, Palastfrauen, Sänger und Sängerinnen. Sie wurden da angesiedelt, wo man ihre Arbeitskraft und ihre Fähigkeiten brauchte. Dort mussten sie dann schwerste Arbeiten verrichten.“

„Was wird wohl aus unserer Stadt nach dem Sieg der Assyrer geworden sein?“, fragt Katia kleinlaut. „Das siehst du doch! Hier stehen all die kaputten Häuser herum“, meint Aaron. Sie ahnen, dass die ganze Stadt bis zu den Grundmauern zerstört wurde.

„Viele Jahre später wird der König dann bestimmt einen neuen Verwalter ausgesandt haben“, meint Opa. „Er wird einen Plan gehabt haben, wie man die Stadt wieder aufbauen konnte.” „Vielleicht kam auch Hilfe aus den Nachbarstädten“, meint Aaron. „Und dann wurde auf den Ruinen der ehemaligen Stadt eine neue gegründet.“ „Klar – so entstand wieder eine neue Siedlung“, fügt Katia hinzu. Und nun überbieten sich die beiden beim Neuaufbau der Stadt. Sie soll noch schöner werden als die alte. Da haben Katia und Aaron natürlich eine Menge zu diskutieren. Sie bauen Häuser, erfinden technische Neuerungen für die Handwerker, graben tiefe Brunnen für die Bauern, geben als König und Königin des Landes neue Gesetze heraus und holen – das ist doch selbstverständlich – die Gefangenen aus den Städten fern der Heimat zurück!

23. Kapitel

Abschied vom Tell

Weit entfernt von eurer Heimat seid ihr ja im Moment auch", sagt Lina, die den Arbeiten zur Bergung des Kruges für einen Moment den Rücken kehrt. Sie lächelt Katia und Aaron an und greift in ihre tiefen Hosentaschen. „Deshalb habe ich etwas für euch, das euch an eure Zeit hier erinnern soll. Ich weiß, ihr würdet

am liebsten den Schatz mitnehmen. Aber vielleicht gefällt euch auch mein kleines Geschenk." Und sie bringt zwei wunderschöne Scherben ans Tageslicht, die bereits ausgewertet und im Computer verzeichnet sind. „Ist ja stark!" Aaron nimmt die für ihn bestimmte Scherbe entgegen. Danach fällt er Lina spontan um den Hals. Warum genau, weiß er auch nicht, aber irgendwie ist er gerade einfach richtig glücklich. Sonst ist er natürlich nicht so anhänglich.

Lina strahlt und wuschelt den beiden durchs Haar. „Es hat super viel Spaß gemacht mit euch beiden. Ich würde euch auch glatt hier behalten, nur habt ihr jetzt echt alles gesehen, was wir bisher ausgegraben haben, und man kann hier noch so viel anderes Interessantes entdecken. Lasst den Tell deshalb für diesen Urlaub lieber ruhen und stürzt euch in die kommenden Abenteuer, die eure Großeltern für euch bestimmt schon geplant haben." Sie drückt Katia, Aaron und nicht zuletzt Opa ganz fest, begleitet sie zum Auto und winkt ihnen mit einem riesengroßen Stofflappen hinterher. Aaron lacht, streckt die Hand aus dem Autofenster und winkt zurück.

Bevor der Tell aus dem Blickfeld verschwindet, dreht sich Katia noch einmal um und schaut auf den immer kleiner werdenden Berg. Dass der viel Spannendes zu bieten hatte, hätte sie anfangs gar nicht gedacht. Jetzt findet sie es richtig schade, dass sie nicht noch länger bei den Ausgrabungen zugucken kann. Doch Lina hat Recht. Vielleicht sind die anderen Dinge, die da noch warten, ja genauso spannend. Schließlich ist nur der Besuch auf dem Tell und nicht schon die ganze Zeit bei Oma und Opa vorbei. Bis das soweit ist, dauert es zum Glück noch lange.

24. Kapitel

Wir kommen wieder

Leider ist das mit der Zeit immer so eine Sache. Wenn einem langweilig ist, wird jede Minute zu einer halben Ewigkeit. Wenn man aber Spaß hat und eine Sache in vollen Zügen genießt, gehen selbst Tage so schnell um wie Sekunden und drei Wochen schmelzen zu einem Nichts zusammen. Genauso ergeht es Katia und Aaron bei Oma und Opa und ehe sie sich versehen, stehen sie schon wieder am Flughafen. Traurig sieht Katia zu, wie Opa für sie und Aaron das Gepäck aufgibt. „Nicht weinen, meine Kleine", sagt er sanft und drückt sie an sich. „Ihr könnt doch wiederkommen." „Das werden wir auch", schnieft Katia und wischt sich schnell eine kleine Träne aus dem Augenwinkel. Nicht, dass Aaron sie nachher wieder als Heulsuse bezeichnet. Aber der denkt gar nicht daran. Schließlich bliebe auch er lieber noch da. Wenn nur ihr Flug nicht schon in zwei Stunden ginge.

Aaron seufzt. Er umarmt Oma und Opa zum letzten Mal und legt seiner Schwester tröstend einen Arm um die Schulter, die die beiden gar nicht loslassen will. Oma und Opa bringen sie noch bis zur Sicherheitskontrolle, wo schon viele Reisende in langen Schlangen anstehen. Die Kontrollen sind in Tel Aviv besonders gründlich und dauern unendlich lange, wie Aaron findet. Als sie dann doch zum Abflugschalter durchgelassen werden, tönt es auch schon aus dem Lautsprecher: „Achtung, Achtung! Dies ist der letzte Aufruf für den Flug LH 687 nach Köln/Bonn!" Sie hasten zu ihrem Schalter und reichen der Stewardess ihre Bordkarten. Dann besteigen sie über einen langen, überdachten Gehsteig das Flugzeug. Diesmal bietet keiner seinen Sitzplatz am Fenster an, aber weil Aaron gar nicht dabei zusehen will, wie er sich von diesem wunderschönen Land entfernt, überlässt er Katia den Fensterplatz ohne Diskussion.

Wehmütig denkt er daran, dass er jetzt erst einmal auf Palmen und schönes warmes Sommerwetter verzichten muss. Und auch Katia wird die Tage mit ihren Großeltern am Mittelmeer vermissen, das im Moment noch tief unter dem Flugzeug zu sehen ist. Viel Zeit bleibt aber nicht für den Abschiedsschmerz. Eine Stewardess bringt Katia und Aaron Getränke, bald darauf eine Mahlzeit. Dann schauen sie sich einen Kinofilm an, der auf den zahlreichen Monitoren über den Sitzreihen gezeigt wird. Und so vergehen die vier Stunden bis nach Köln recht schnell.

25. Kapitel

Erinnerungen

Als das Flugzeug zum Landeanflug auf Köln ansetzt, müssen die beiden zugeben, dass sie sich doch auch ein bisschen auf zu Hause freuen. Auf Mama und Papa. Und auf ihre Freunde natürlich. Die werden sich wundern, was sie alles zu erzählen haben.

„Schießt los", sagt Mama auch als Erstes, sobald sie im Auto sitzen. „Was habt ihr alles Schönes gemacht?" „Also, wir waren im Meer baden", sprudelt es aus Katia heraus. „Wir haben am Strand Beach-Volleyball und Ping-Pong gespielt." „Und wir sind mit einem Fischerboot über den See Genezareth gefahren", fährt Aaron fort.
„Außerdem sind wir auf richtigen Kamelen durch die Wüste geritten", ist Katia wieder an der Reihe und fügt grinsend hinzu: „Sogar Aaron hat sich getraut." Eigentlich ist das eine Beleidigung. Aber Aaron muss selbst lachen, wenn er sich daran erinnert, wie sehr er sich auf dem Rücken des Esels angestellt hat. Für Katia, für die Reiten das Größte ist, muss es schon sehr lustig ausgesehen haben. Schade nur, dass sie Ibrahim nicht noch einmal begegnet sind.

„Wart ihr denn auch in Jerusalem?", fragt Mama. Immerhin ist das die Stadt, in der sie geboren wurde. „Na klar", antwortet Aaron. „Wir haben sogar die Grabeskirche besucht, die da steht, wo Jesus gekreuzigt und begraben wurde.
Und die Klagemauer der Juden und den mit einer goldenen Kuppel gekrönten Felsendom der Muslime. Auf dem Rückweg haben wir dann ein wunderschönes Picknick veranstaltet. Ein richtig orientalisches. Mit Weintrauben, Feigen und

Granatäpfeln, frischen runden Brotfladen, Gurken, Tomaten und Süßigkeiten." Katia kramt in ihrer Tasche. „Wir haben euch auch etwas aus der Altstadt mitgebracht", verrät sie und reicht zwei Päckchen nach vorne. Weil Mama fährt, darf Papa beide auspacken. In einem ist ein aus Ölbaumholz geschnitztes Kamel, in dem anderen ein T-Shirt mit einem bunten Aufdruck in englischer, arabischer und hebräischer Sprache.

„Vielen Dank, ihr Lieben", sagt Papa, dreht sich zu ihnen um und fragt: „Was wollt ihr denn heute Abend essen?" „Halt!", schreien Katia und Aaron im Chor. „Denkt ihr etwa, dass wir schon fertig sind mit dem Erzählen? Das Beste haben wir uns doch für den Schluss aufgehoben. Wir haben nämlich in Opas Grabungshaus geschlafen. Besser gesagt, auf dem Grabungshaus. Und wir waren auf Opas Tell. Da liegen ganz viele Städte übereinander und man kann sogar noch sehen, wie die Leute vor vielen tausend Jahren gelebt haben. Das ist echt genial. Und das Allerbeste: Wir haben einen Schatz gefunden! Super cool war das. So cool, dass wir ganz bestimmt später auch einmal Städte ausgraben, alte Inschriften entziffern und viel Neues über die Vergangenheit herausfinden werden."

Wann war was?

Ein Querschnitt durch den Tell

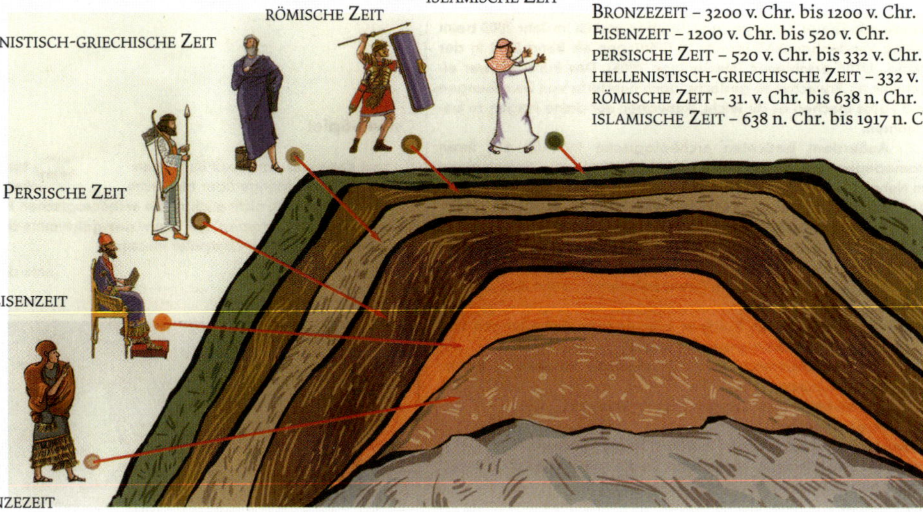

Erklärungen

Ein paar Wörter, die man vielleicht nicht gleich versteht

Alkali

sind chemische Stoffe, die sich in Wasser gelöst „seifig“ anfühlen. Sie schmecken bitter und können die Haut reizen. Im Chemieunterricht nennst du sie Laugen oder Basen. Das Wort stammt aus dem Arabischen al-Qali. Das heißt so viel wie „Asche aus Pflanzen“. Man gewinnt Alkali nämlich, indem man Holz zu Asche verbrennt und diese zusammen mit Fett kocht. Das wusste man im Orient schon vor 4500 Jahren. Man wusste auch, dass es noch einfacher geht: Es entsteht, wenn Urin verfault! Alkali brauchten die Wäscher, Färber und Gerber. Sie benutzten die seifige Lauge auf verschiedene Weise. Die Wäscher reinigten darin die Kleidung. Die Färber legten Pflanzen hinein und entzogen ihnen damit die Farbstoffe. Die Gerber, die Leder herstellten, legten die von den Tieren abgezogene Haut hinein, um sie aufquellen zu lassen und weich zu machen.

Geophysiker

sind bei Ausgrabungen unbedingt nötig. Sie benutzen Messinstrumente, die elektrische Widerstände am Boden messen oder magnetische Signale aus dem Erdreich registrieren. Andere senden (wie beim Schiffs-Radar) elektrische Wellen aus und bemerken an deren Reflexion, wo sich Stadtmauern, gepflasterte Straßen oder Hausfundamente befinden. Die Geophysiker können den Archäologen schon vor ihrer Ausgrabung wichtige Hinweise geben.

Kalif Omar

lebte im 7. Jahrhundert nach Christus. Er war ein Nachfolger des Propheten Mohammed, der den Islam gründete. Omar eroberte große Gebiete des mächtigen arabischen Reiches –auch Jerusalem. Obwohl ihm die christliche Bevölkerung der Stadt völlig ausgeliefert war, respektierte er deren Glauben und Lebensweise. Das war damals gar nicht üblich. Über 100 Jahre lebten Christen und Muslime in Jerusalem friedlich zusammen.

Mineralogen

sind Naturwissenschaftler. Die Archäologen brauchen sie für die Untersuchung von Keramikscherben. Sie sind nämlich in der Lage herauszufinden, aus welchen Bestandteilen die Scherben zusammengesetzt sind, und können dadurch sagen, wie Töpfer früher einmal arbeiteten, welche Tonerden sie als „Zutaten" verwendeten, welche „Rezepte" sie für die Tonherstellung benutzten und wie heiß sie die Keramik im Brennofen brannten. Da es in verschiedenen Gebieten unterschiedliche „Zutaten" und andere „Rezepte" zur Keramikherstellung gab, können die Mineralogen sogar bestimmen, wo das Gefäß hergestellt wurde.

Salomo

war ein israelitischer König. Er lebte vor etwa 3000 Jahren. Noch heute halten ihn viele Menschen für den klügsten und gerechtesten König aller Zeiten. Während seiner Regierungszeit gab es keinen Krieg, und sein Land führte er zu Wohlstand und Zufriedenheit. Außerdem baute er in Jerusalem einen Tempel für seinen Gott.

Theodolit

sieht fast aus wie eine große, alte, auf einem dreibeinigen Stativ angebrachte Kamera, ist aber ein Vermessungsinstrument. Vielleicht hast du ja schon einmal einen bei Vermessungsarbeiten auf einer Baustelle gesehen. Moderne Theodoliten senden einen Infrarotstrahl aus, der von einem Reflektor (einem Spiegel) an das Gerät zurückgesandt wird. Dieser Reflektor wird senkrecht über einen Fund oder eine Mauer gehalten, die vermessen werden soll.
Der Theodolit berechnet nun die Entfernung, die der Infrarotstrahl auf seinem Weg zum Reflektor zurückgelegt hat. Die Messergebnisse speichert er in einem Computer.

(Weitere Informationen: www. vermessungseinheiten.de/kiel/veleitse.htm#start)

Töpferscheibe

ist eine sich waagerecht drehende runde Platte, auf der Keramikgefäße geformt werden. Sie entwickelte sich aus einer flachen Unterlage, die von Hand gedreht wurde. Heute ist sie auf einer senkrecht stehenden Achse befestigt und wird entweder durch ein Schwungrad, das mit den Füßen in Bewegung gesetzt wird, oder elektrisch betrieben.
Die getöpferten Gefäße werden anschließend getrocknet, manchmal noch bemalt und schließlich in einem Töpferofen bei 700 bis 800 Grad Hitze gebrannt. Die Töpferscheibe wurde im 18. Jahrhundert vor Christus als technische Neuerung in das Gebiet eingeführt, in dem Katias und Aarons Großeltern heute leben. Die Idee dazu kam von den nördlichen Nachbarn aus Syrien.

Zisternen

speichern Regenwasser für die trockene Jahreszeit. Regen fällt im Nahen Osten nämlich nur in wenigen Monaten des Jahres. Das ist in etwa dann, wenn bei uns Winter ist. Meist werden Zisternen in den Felsen geschlagen. Dabei entstehen riesige Löcher, deren Wände mit Putz abgedichtet werden. So kann das Wasser nicht durch die Felswände sickern. Mit Eimern oder Krügen zieht man in den trockenen Jahreszeiten das Wasser durch die enge Öffnung nach oben.

Wer noch mehr wissen will

Katia und Aaron lernten bei ihrem Besuch auf dem Tell die Archäologie im Orient kennen. Alles, was sie gesehen haben, gibt es wirklich. Vieles sogar auf dem Tell Zera'a, auf dem wir selbst ausgraben. (www.tallziraa.de). Er befindet sich in Jordanien, ganz nah an der Grenze zu Israel und Syrien. Wenn wir dort arbeiten, wohnen wir im Grabungshaus des Deutschen Evangelischen Instituts, Amman, direkt an den Ruinen der römischen Stadt Gadara. Auf dem Dach des Grabungshauses lässt es sich tatsächlich gut schlafen. Manches, was beschrieben wurde, stammt aber von anderen berühmten Tells: das Vorratshaus und das große Silo aus Megiddo, die Kultsteine aus Hazor, die Schülerübungstafel aus Gezer und der Hortfund, unser Schatz, aus der Nähe vom Tell Dor.

Übrigens...

... acht Jahre nach ihrer ersten Reise in den Orient bewirbt sich Katia um eine Teilnahme an einer Ausgrabung:

Sehr geehrte Damen und Herren
vom Biblisch-Archäologischen Institut,

hiermit bewerbe ich mich als Grabungshelferin für Ihre nächste Ausgrabung. Auf Ihrer Homepage www.bainst.de las ich nämlich, dass Sie dabei immer freiwillige Helfer gebrauchen können.

Für Archäologie interessiere ich mich, seit ich mit zehn Jahren zum ersten Mal meine Großeltern im Orient und dort den ehemaligen Grabungshügel meines Großvaters besucht habe. Ob ich aber wirklich Archäologin werden möchte, würde ich gerne bei Ihnen auf Ihrem Tell herausfinden.

Ich freue mich über eine Zusage und nähere Informationen,

mit freundlichen Grüßen,

Ihre Katia

Falls Du nach weiteren Informationen suchst, wie Archäologen im Orient arbeiten und was sie alles über das Leben der Menschen in den vergangenen Jahrtausenden herausgefunden haben, dann nimm das Buch »Archäologie der biblischen Welt« zur Hand. Es wurde von Dieter Vieweger geschrieben und ist 2005 beim Verlag Vandenhoeck & Ruprecht erschienen. Das Buch ist zwar für Erwachsene gedacht, doch hunderte von Fotos und Zeichnungen machen es dir leicht, Antworten auf deine Fragen zu bekommen. Außerdem berichten archäologische Institute auf ihren Homepages viel Interessantes und Neues über ihre Forschungen im Nahen Osten, wie zum Beispiel:

- das Biblisch-Archäologische Institut Wuppertal (www.bainst.de)
- das Deutsche Archäologische Institut Berlin (www.dainst.de) sowie
- das Deutsche Evangelische Institut für Altertumswissenschaft des Heiligen Landes, Amman und Jerusalem (www.deiahl.de)

In großen Museen Europas gibt es tolle Sammlungen von Altertümern aus dem Orient, zum Beispiel

- auf der Museumsinsel in Berlin (Staatliche Museen zu Berlin)
- im Britischen Museum in London (British Museum)
- im Louvre in Paris und
- in den Vatikanischen Museen in Rom (Musei Vaticani).

Wenn du also einmal in eine dieser Städte reist, schau dir die Ausstellungen einfach an. Es lohnt sich bestimmt.
Die Archäologie hat viele Gesichter. Deshalb gibt es in Deutschland noch viele weitere interessante Museen, in denen Archäologen ihre Arbeit in Deutschland, im Orient oder weit darüber hinaus vorstellen (www.archaeologie-online.de).
Hier eine klitzekleine Auswahl:

- Archäologisches Museum, Frankfurt (http://kultur.inm.de/amf)
- Germanisches Nationalmuseum, Nürnberg (www.gnm.de)
- Neanderthal-Museum, Düsseldorf (www.neanderthal.de)
- Pfahlbaumuseum, Unteruhldingen (www.pfahlbauten.de)
- Römisch-Germanisches Museum, Köln (www.museen.koeln.de)
- Archäologischer Park Xanten (www.lvr.de/fachdez/kultur/museen/apx)

Sicher gibt es auch ganz in deiner Nähe ein Museum, das dich interessiert (http://de.wikipedia.org/wiki/museum).

Strategiespiel

Du hast Katia und Aaron auf ihrer spannenden Reise begleitet. Sie haben dort eine Menge über die Archäologie im Nahen Osten erfahren.
Möchtest du nicht auch deine archäologischen Fähigkeiten testen? Auf der Homepage www.das-geheimnis-des-tells.de kannst du dich mit dem Computer messen. Versuche es einmal!

Du findest auf dieser Homepage auch ein Strategiespiel mit Spielbrett, Karten und Zubehör zum Ausdrucken.
Bei diesem Spiel kannst Du zusammen mit deinen Mitspielern Katia und Aaron nacheifern. Lina lädt euch nämlich ein, ihr bei der Ausgrabung zu helfen. Natürlich wisst ihr inzwischen schon, wie anstrengend das sein kann. Jeder kann mitarbeiten. Möchtest Du der erfolgreichste Grabungshelfer werden? Dann musst du schneller als deine Mitspieler die neun Scherbenteile finden, die zu einer wertvollen Vase gehören, und diese wieder zusammensetzen.
Der Jüngste beginnt. Er setzt seine Spielfigur in der angezeigten Richtung nach vorn, und zwar so viele Felder, wie er es sich leisten kann und möchte. Denn für jedes Feld, das er nach vorn rückt, muss er ein Silberstück bezahlen. Nach ihm ist sein linker Nachbar an der Reihe. Für ihn gilt ebenso wie für alle anderen, dass er beim ersten Zug seine Spielfigur so weit nach vorn zieht, wie er es sich leisten kann und möchte. Wichtig ist dabei: Ein bereits besetztes Feld darf nicht mit der eigenen Figur betreten werden!
Haben alle Mitspieler einen Zug nach vorn gemacht und ist wieder der Jüngste an der Reihe, wird es kniffelig. Jetzt darf nämlich jeder bei seinem Zug entscheiden, ob er nach vorn oder nach hinten ziehen möchte. Wer nach hinten zieht, bekommt für jedes Feld, das

er nach hinten zieht, ein Silberstück. Wer nach vorn zieht, muss wieder für jedes Feld, das er nach vorn rückt, bezahlen.
Denkst du jetzt, dass das eine komische Regel ist? Weil jeder lieber Geld bekommt als welches abgibt? Weit gefehlt! Wenn du nämlich alle neun Teile, die zu der Vase gehören, zusammen hast, musst du sie noch ins Ziel retten. Dort steht Lina und beobachtet genau, welcher Grabungshelfer als erster mit den Scherben zu ihr kommt.
Ins Ziel darfst du aber nur, wenn du

- ▶ für den Weg dorthin bezahlen kannst,
- ▶ keine weiteren Scherben besitzt und
- ▶ nicht mehr als acht Silberstücke übrig behältst.

Spannend, nicht wahr? Eine genaue Beschreibung findest du auch unter www.das-geheimnis-des-tells.de

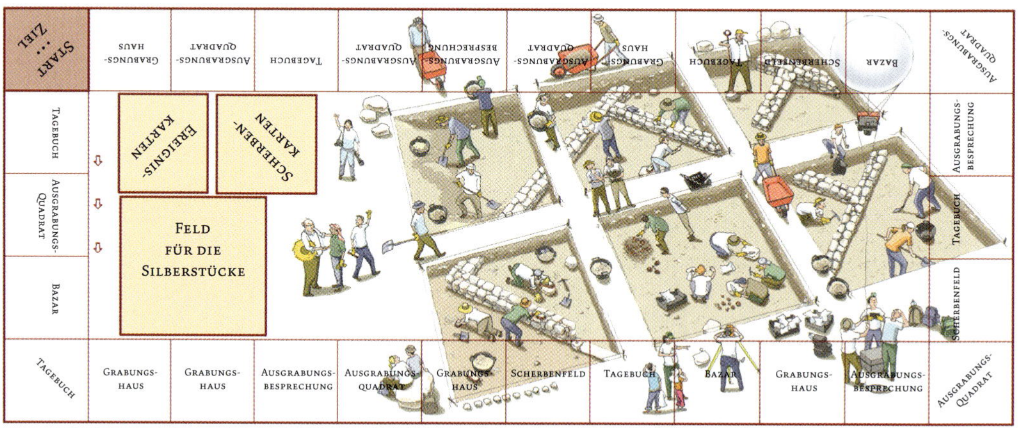

Danke!

Mit diesem neu gesetzten Buch können wir endlich wieder unsere Geschichten von den geheimnisvollen Städten des Orients und von der Welt des Alten Testaments erzählen. Wir hoffen sehr, dass unsere Leserinnen und Leser am Neusatz des Buches Gefallen finden und uns bald auf dem Tell Zera´a ganz in der Nähe des Sees Genezareth besuchen kommen. Die vielen Geheimnisse dieses Tells sind noch lange nicht gelüftet!

Viele Anregungen für die erste Auflage (2005) haben wir der Klasse 6 c des Theodor Fliedner Gymnasiums in Kaiserswerth zu verdanken. Das Kapitel »Pferdestall und Puppenstube« basiert auf den Ideen von Florian Giersch.
Willi Kunze – damals 5 Jahre alt – hat mit seiner Begeisterung für Dinosaurier, Pyramiden und Burgen bei uns überhaupt erst die Lust geweckt, ihm eine Geschichte über den Orient zu erzählen. Daraus ist ein Buch für alle geworden, die Freude am Entdecken haben und über die Vergangenheit staunen können.

Wir bedanken uns sehr herzlich beim Arachne-Verlag, der diese zweite Auflage möglich machte.

Für die Autoren
Dieter Vieweger

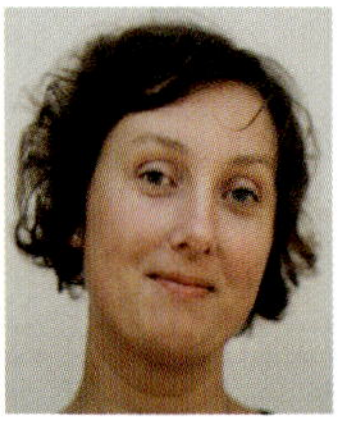

Friederike Rave (1970)
studierte Kommunikationsdesign an der Bergischen Universität Wuppertal mit Schwerpunkt Illustration.
Sie lebt und arbeitet als freie Illustratorin in Wuppertal.

Dieter Vieweger, Prof. Dr. Dr. Dr. h. c. (1958)
Studium der Ev. Theologie in Leipzig ▪ 1985 Promotion ▪ 1989 Habilitation ▪ 1986-89 Pfarrer des Thomanerchores Leipzig ▪ 1989-93 Professor für Altes Testament in Berlin ▪ seit 1993 Professor für Altes Testament und Biblische Archäologie in Wuppertal ▪ 1993-98 Studium der Ur- und Frühgeschichte in Frankfurt a. M. ▪ 1998 Promotion ▪ seit 2002 Gastprofessor an der Privatuniversität Witten-Herdecke/Fakultät für Kulturreflexion ▪ seit 2005 Leitender Direktor des Deutschen Evangelischen Instituts für Altertumswissenschaft des Heiligen Landes in Jerusalem und Amman (DEI) ▪ seit 2009 Ehrendoktor der Universität Wuppertal und Ordentliches Mitglied des Deutschen Archäologischen Instituts.
Dieter Vieweger lehrt den Winter über in Deutschland. Acht Monate pro Jahr lebt er in Jordanien, der Westbank und in Israel, gräbt Orte aus wie den geheimnisvollen Tell in diesem Buch und erforscht die Geschichte dieser Region, seiner zweiten Heimat. Am liebsten lebt er in einem „seiner" Institute auf dem Ölberg in Jerusalem oder im Herzen der Millionenstadt Amman.

Claudia Voigt (1983)
studierte Mathematik und Evangelische Theologie für das Lehramt an der Bergischen Universität Wuppertal.
Seit 2011 ist sie Lehrerin am Freiherr-vom-Stein-Gymnasium in Leverkusen.